십일조는
다른 복음이다

십일조는
다른 복음이다

박 창 진

진리와 생명사

서문

'하늘 영광으로 가득한 영광스러운 교회'

삼위이시며 한 분이신 하나님, 한 말씀, 한 교회, 한 믿음은 하나님의 부르심을 받은 사람들이라면 마땅한 고백이다. 교회는 한 분이신 하나님의 한 말씀으로 부르심을 받았다. 하나님께서는 그 한 말씀을 교회에게 주셨다. 그 말씀 위에 교회를 세우셨다. 한 교회를 이루게 하셨다. 그들은 어떤 곳에서 어떤 방식으로 생활하든지 한 믿음을 소유하였다. 예수님을 그리스도로 영접한 믿음을 토대로 그분을 주님으로 받아들이고서 그분을 현재적으로 의지하는 것이다.

현실은 하나님의 부르심을 받은 사람들에게 마땅한 고백과 동떨어져 있다. 한 교회가 아니라 많은 교회이다. 교단이 다른 교회이다. 성경 이해에 차이가 생겼기 때문이다. 성경 해석에 있어서 성령님께서 조명하시는 바와는 다른 주장을 하는 경우가 있었기 때문이다. 같은 교단 안에서 많은 교파가 형성되고 있다. 인간적인 생각이나 욕심으로 인한 것이다.

한국교회에서 십일조에 대한 이해는 크게 둘로 나뉜다. 십일조가 성경적으로 정당하다는 쪽과 정당하지 않다는 쪽이다. 교단이나 교파와 무관하다. 각 교단과 교파 안에서 양자로 나뉘어 있다. 이전에는 정당하다는 쪽이 훨씬 강하였고 정당하지 않다는 소리를 하기 어려웠다. 이제는 정당하지 않다는 소리가 점점 강해지고 있다.

정당하지 않다는 주장이 정당하려면 성경적인 근거가 바르게 제시되어야 한다. 여러 모양으로 제시되고 있다. 어느 정도의 책도 갖추어졌다. 그럼에도 여러 논박이 오가고 있다. 이 글은 그 논박들 가운데 하나이다. 그러면서 십일조에 관한 논쟁을 마무리할 수 있는 자료의 역할을 할 수도 있다고 생각한다. 마무리하는 계기가 되었으면 하는 바람이다. 그 논쟁으로 소모되는 에너지가 성경적인 교회를 세우는 데에 사용되었으면 한다.

신약의 교회가 물질에 대한 성경의 원리를 바르게 이해하고 참된 자유를 누리는 계기가 되기를 소망한다. 십일조를 하면서 자유롭다는 성도가 있고 십일조를 하지 않으면서 자유롭다는 성도도 있다. 십일조에 대한 성경의 가르침이 바르게 밝혀지고 그 가르침을 따른 자유가 생기기를 기대한다. 이 글을 읽는 모든 분들이 성령 하나님 안에서 의와 평강과 희락을 누리는 자유가 생기기를 바란다.

십일조에 대한 태도는 교회 개혁과도 직결되어 있다. 개혁이란 말씀의 원리를 바르게 밝히고 그 원리를 따라 생활 태도와 관습 등을 평가하고 일치하는 부분은 더욱 풍성하게 하면서 잘못된 부분은 고치는 것이다. 여기에는 교리도 포함된다. 반면에 지금까지의 전통을 따르는 것으로 만족하며 잘못이 밝혀져도 바뀌지 않으려는 모습이 교회 역사적으로 지속되어왔다. 장로들의 유전을 고수하는 것이다. 십일조에 대한 성경적인 평가 이후에 나타나는 교회의 태도는 진정한 개혁을 추구하는지 아니면 개혁을 말하지만 실제로는 장로들의 유전을 따르는지 확인하는 시금석이 될 것이다. 참된 개혁의 길로 나아가는 계기가 되기를 소망한다.

　　이 주제로 논쟁하면서 생각을 정립하도록 도움을 주신 모든 분들께 감사드린다. 기도와 물질로 도움을 주신 지체들에게 감사드린다. 특히 울산시민교회의 최강학 장로님께 감사드린다. 이 글을 험난한 세월을 보내는 아들로 인해 항상 마음 아파하시는 어머니 김동화 집사님께 사랑과 감사의 마음을 담아 드린다.

박창진 목사

Contents

1장
언약에 대한 깊은 이해

들어가면서

유럽 교회와 한국과 미국 교회의 십일조에 대한 태도는 정반대이다. 유럽 교회는 십일조를 하지 않는다. 하나님께서 오늘날의 교회에게 요구하시는 바가 아니라고 생각하기 때문이다. 한국과 미국 교회는 십일조를 한다. 매우 강조한다. 하나님께서 오늘날의 교회에게 요구하시는 바라고 생각하기 때문이다. 양자가 다 옳을 수는 없다. 어느 한쪽이 옳고 다른 한쪽은 틀렸다. 십일조가 오늘날의 교회에게 하나님께서 요구하시는 바라면 유럽 교회는 불순종 가운데 지내고 있는 것이 된다. 일시적인 불순종이 아니라 지속적인 불순종이기에 심각한 문제이다. 반면에 하나님께서 요구하시는 바가 아니라면 한국과 미국 교회가 불순종 가운데 지내고 있는 것이 된다. 지금까지 지속적으로 불순종 가운데 지냈고 앞으로도 그럴 가능성이 크다. 역시나 심각한 문제이다. 이런 면에서 성경의 가르침을 정확하게 밝히는 일은 의미가 있다. 매우 중요한 작업이라고 할 수 있다.

십일조는 모세를 통하여 옛 언약의 백성인 이스라엘에게 주신 법조문으로 된 계명의 율법의 한 조항이다. 십일조를 바르게 평가하기 위해서는 언약과 율법에 대한 성경적인 이해가 선행되어야 한다.

일반적으로 언약은 약속과 동의어로 이해되고 있는데, 잘못이다. 약속은 언약의 한 부분이지 언약 자체는 아니다. 언약은 그보다 훨씬 넓은 개념이다. 제칠일안식교에서는 안식일을 지켜야 한다고 주장한다. 안상홍의 하나님의 교회에서는 유월절을 지켜야 한다고 주장한다.

그들은 오늘날 교회의 모범이 되는 예수님과 예루살렘 교회가 안식일과 절기를 지켰기에 오늘날에도 지켜야 한다고 주장한다. 예수님과 예루살렘 교회가 안식일과 절기를 지킨 것은 분명한 사실이기에 일리가 있는 주장이라고 생각할 수 있다. 그렇지만 아니다. 언약에 대한 이해가 얕기 때문에 나타나는 잘못된 주장이다. 그러한 주장에 대한 교회의 대처도 오십보백보라고 할 수 있다. 교회의 언약에 대한 피상적인 이해는 심각한 문제이다. 언약에 대한 깊은 이해가 오늘날의 교회에게 꼭 필요하다.

　일반적으로 칼뱅의 가르침을 따라 율법의 교육적 기능이라며 율법에서 도덕법은 오늘날도 여전히 효력이 있다고 이야기한다. 이는 율법에 대한 피상적인 이해의 결과이다. 예수님은 율법을 완전하게 하기 위해 오셨다고 말씀하셨다(마 5:17). 예수님의 말씀이 옳다면 그분의 구속사역을 통하여 율법은 완전하게 되었다고 보아야 한다. 그렇다면 율법과 완전하게 된 율법이 있다. 일반적으로 율법을 의식법, 시민법, 도덕법으로 구분하는데, 각각이 완전하게 되었다. 율법과 완전하게 된 율법은 분명히 다르다. 완전하게 된 율법은 신약 성경에 별도로 구별하여 기록되어 있지 않다. 그것은 법조문으로 된 것이 아니기 때문이다. 그렇지만 신약 성경에 그 내용이 담겨 있다는 것은 분명하다. 오늘날의 교회는 율법이 아니라 예수님에 의해 완전하게 된 율법을 따라야 한다.

　언약과 율법 그리고 완전하게 된 율법에 대한 이해가 성경적으로 정립되면 십일조에 대한 바른 평가가 가능하다. 아주 명확하며 선명해진다. 십일조는 완전하게 되었으며 오늘날의 교회는 신약 성경에서 그것을 파악하고 따라야 한다. 이 원리는 교회의 다른 모든 것에 동일하게 적용된다. 오늘날의 교회가 따르고 있는 교리나 생활 관습 등의 전통에 동일하게 적용된다. 오늘날의 교회는 성경의 가르침과 일치하는 바른 전통과 성경의 가르침에서 벗어난 잘못된 전통 곧 장로들의 유전을 함께 가지고 있다. 전자는 더 온전하고 풍성하게 하여야 하고 후자는 즉각적으로 버려야 한다. 참된 개혁주의이다. 반면에 후자에 해당됨에도 불구하고 버리지 않고 붙잡고 가려는 모습이 교회에 있다. 예수님께서 그렇게 지속적으로 강하게 책망하신 장로들의 유전을 따르는 것이다. 개혁주의라는 신학 노선에 속해 있다고 하더라도 그것은 개혁주의가 아니라 전통주의이다. 전통주의가 아니라 참된 개혁주의가 오늘날의 교회에 필요하며 중요히다. 십일조에 대한 바른 병가와 십일조를 완전하게 한 신약 성경의 가르침을 따르는 것은 그 방편의 하나로서 중요한 의의를 가지고 있다.

1장
언약에 대한 깊은 이해

　　교회에게 주어진 하나님의 말씀인 성경은 언약의 책이다. 구약은 옛 언약이고 신약은 새 언약이다. 오늘날은 새 언약의 시대이며 교회는 새 언약의 공동체이다. 성경의 가르침을 바르게 이해하기 위해서는 언약에 대한 바른 이해가 필수이다. 오늘날의 교회가 따라야 할 바른 삶의 원리를 찾는 데도 마찬가지이다. 언약을 바르게 이해하여야 한다. 오늘날 교회의 언약에 대한 이해는 매우 피상적이다. 언약이 약속이라고 말하면서 상호 교차적으로 사용한다. 과연 그런가? 언약은 하나님께서 자기 백성을 대하시는 방식이다. 성경에는 계시 역사의 진행을 따라 여러 언약들이 나타나는데, 각 언약들의 내용에 변화가 있지만 그 본질은 동일하다. 언약을 깊이 이해하지 못하면 성경의 가르침을 온전하게 이해하기 어렵다. 피상적으로 이해하고 하나님께서 전하고자 하시는 바와는 전혀 다른 주장을 하게 된다. 하나님의 말씀에 인간의 생각이 더하여져서 엉뚱한 주장을 펼치게 되는 것이다.

1. 상호동맹인 언약

하나님께서는 모세에게 자신에 대한 계시를 말씀으로 주셨다. 모세 오경이다. 이때에 이스라엘에게는 생활 가운데서 어떤 단어에 대한 개념이 형성되어 있었다. 언약도 마찬가지이다. 언약의 개념은 상호동맹이었다. 동등한 입장에서 상호동맹을 맺을 경우에는 동등언약이라고 하고, 강대국과 약소국의 입장에서 상호동맹을 맺을 경우에는 종주권언약이라고 한다. 하나님께서 성경에서 언약이라는 단어를 사용하실 때에 그 당시의 백성이 가진 개념을 무시하지 않으셨다. 하나님은 그 시대의 언어를 활용하시는 분이시다. 하나님께서 전달하고자 하시는 계시에 그 시대의 언어가 적합하도록 역사하셨다는 것이 더 정확한 말이라고 하겠다. 물론 그 시대의 개념과 다른 의미로 같은 단어를 사용하실 때에는 교회가 그것을 깨달을 수 있도록 하신다.

언약이란 하나님께서 그의 백성을 대하는 방식으로서 상호동맹이다. 언약은 하나님께서 그의 백성들의 태도에 관계없이 은혜로 맺으시는 것이기에 모든 언약이 은혜 언약이다. 하나님 편에서 주권적으로 언약을 제정하시고 그 내용에 삶과 죽음, 생명과 멸망이 담겨 있다.

가) 언약의 두 축

언약에는 약속과 명령이 두 개의 축을 이루고 있다. '2'는 증거의 수이다. 증인은 두 사람이어야 한다. 증거의 효력은 둘의 증언이 같을 때에 발생한다. 언약이 두 축으로 이루어지고 그 안의 내용도 둘 씩 짝을 이루고 있는 것은 같은 이유이다.

● 언약에서의 약속

약속에는 복과 저주가 있는데, 이에 대한 집행은 오직 하나님께 속한 것이다. 언약에 신실하신 하나님은 반드시 약속하신 바를 이루신다. 이는 인간들 사이에서 이루어진 언약에서 볼 수 있는 강자의 변덕스러운 태도와 다른 점이다. 그리고 약속에는 언약의 당사자인 인간에 의해 아무런 영향을 받지 않는 무조건적인 요소와 인간의 행동과 연결되어 있는 조건적인 요소가 있다. 구약 시대에 메시야에 대한 약속은 인간의 행함에 의해 성취가 결정되는 것이 아니다. 무조건적인 요소이다. 하나님의 소유로서 제사장 나라이며 거룩한 백성이 된 언약의 백성이 그 복을 누리는 것은 언약의 백성의 행함에 따라 결정된다. "너희가 내 말을 잘 듣고 내 언약을 지키면"(출 19:5중). 조건적인 요소이다.

● 언약에서의 명령

명령에는 행해야 하는 것과 행하지 말아야 할 것이 있다. 언약의 한 당사자인 언약의 백성은 이에 대하여 반응을 하게 된다. 자기 결정권이 있는 언약의 백성이 명령을 듣고 순종하면 언약의 복을 누린다. 반면에 불순종하면 언약의 저주를 당한다. 하나님께서는 그의 백성의 태도를 초월하여 약속하신 바를 이루어 가시는데, 약속된 복은 순종하는 백성만이 누리게 된다. 불순종의 백성은 회개를 통하여 약속된 복을 누릴 수 있다.

● 행위 언약(?)

이는 아담에게서부터 예수 그리스도께서 완전하게 하신 새 언약까지 모두 동일하다. 일반적으로 아담 언약을 행위언약이라고 한다. 선악을 알게 하는 나무의 열매를 먹으면 죽는다고 하셨기 때문이다. 그렇지만 잘못된 주장이다. 아담이 하나님의 형상으로 창조되었다는 것 자체가 은혜이기 때문이다. 그 명령은 언약의 한 요소이다. 행위 언약을 나타내는 것이 아니다. 예수 그리스도께서 완전하게 하신 새 언약의 시대에도 순종하는 백성만이 약속된 복을 누리게 된다. "그가 아들이시라도 받으신 고난으로 순종함을 배워서 온전하게 되었은즉 자기를 순종하는 모든 자에게 영원한 구원의 근원이 되시고"(히 5:8~9). 여기서 '온전하게', '되다'는 과거에 단번에 이루어진 것으로 반복되는 것이 아니다. '순종하는'은 하나님의 은혜로 부르심을 입은 그때만 아니라 지금 현재 계속되는 것이다. 즉 단번에 온전하게 되신 주님은 항상 현재적으로 순종하는 모든 자의 영원한 구원의 근원이 되신다는 것이다. 물론 주님은 그의 피로 값 주고 사신 그의 몸 된 교회와 각 지체에게 계속적으로 은혜를 베푸시며 순종하도록 역사하신다. 하나님의 은혜를 바르게 받으면 순종이 나타난다. 하늘의 복을 누리게 된다. 반면에 하나님의 은혜를 헛되이 받으면 불순종이 나타난다. 돌이키지 않는 한에는 최종적으로 하나님의 심판을 초래하게 된다. 아담 언약을 포함한 모든 언약은 예외 없이 은혜 언약이다.

나) 변함없는 하나님

계시 역사의 시대를 구분 짓는 언약은 다음의 몇 가지로 이야기할 수 있다. 아담 언약, 노아 언약, 아브라함 언약, 모세(시내 산) 언약, 포로 후 회복 언약, 예수 그리스도께서 완전하게 하신 새 언약이다. 여기서 포로 후 회복 언약이란 멸망당한 이스라엘을 포로에서 회복시킬 때 하나님께서 이스라엘과 맺은 언약을 말한다. 성경은 그것을 새 언약[1]이라고 했다(렘 31:31). 그것을 완전하게 한 것이 예수님께서 완전하게 하신 새 언약이다. 새 언약과 완전하게 된 새 언약으로 구분할 수 있다.

● 바뀐 하나님(?)

각 언약의 시대에 하나님은 다른 모습으로 스스로를 나타내신다. 노아 언약의 경우에는 그 마음으로 생각하는 모든 계획이 항상 악하였던 그 당시의 모든 사람을 물로 멸망시키고 시작되었다. 시내 산 언약의 경우에는 가나안 땅에 살던 민족들을 죽이도록 하신다. 완전하게

---

1) 새 언약에 대한 예레미야의 기술은 32장까지 연결된다. 32장 마지막 구절에서 하나님은 "~ 이는 내가 그들의 포로를 돌아오게 함이니라 야웨의 말이니라"고 말씀하셨다. 예레미야서 31장 31절의 새 언약이 일차적으로는 포로 회복을 가리킨다는 것을 뜻한다. 새 언약이란 넓게 이해하면 이전 언약과 대조되는 개념이다. 그 이전 언약에서 다음 언약의 시대로 넘어갈 때에 이전 언약은 옛 언약이 되고 다음 언약은 새 언약이 된다. 포로 후 회복 언약인 새 언약과 예수 그리스도께서 완전하게 하신 새 언약과도 원리에 있어서 같다. 전자는 새 언약이라고 기술되지만 후자와의 관계성으로 이야기할 때는 옛 언약이 된다. 그리고 예수 그리스도께서 완전하게 하신 새 언약 이전의 모든 언약은 예수님께서 완전하게 하신 언약과의 관계에서 옛 언약이다.

된 새 언약에서는 완전히 달라진다. 노하는 것까지 살인이라 하시며 금하신다. 악한 자를 대적하지 말라고 하신다.

전혀 다른 하나님으로 보인다. 많은 사람들이 다른 하나님이라고 생각하고 말한다. 교회 역사에서도 그랬고 교회 밖에서도 그렇다. 외형적으로 볼 때에 그러한 생각은 정당한 것으로 여겨진다. 그렇지만 성경의 진술은 다르다. 하나님은 변함이 없다고 한다(약 1:17). 외형적으로는 분명히 변화가 있는데도 말이다.

하나님은 변함이 없다. 다만 언약의 시대에 따라 나타나는 모습이 달랐을 뿐이다. 언약의 시대에 하나님이 관계를 맺으시는 사람들의 수준과 상황으로 인해 나타난 현상이다. 한 아버지가 자식의 나이에 따라 나타나는 외형적인 모습에 있어서 차이가 나는 것과 같다. 갓난아이 때에는 절대적으로 품어준다. 어릴 때에는 규칙을 정하고 엄격하다. 독립할 수 있는 어른이 되면 자식이라고 하더라도 온전히 존중한다. 같은 아버지로서 본질적인 변함은 없지만 외형적으로 나타난 모습에는 차이가 있다. 성경의 하나님도 마찬가지이다. 언약의 시대에 따라 외형적으로 변화가 있지만 그 본질에는 변함이 없다.

예수 그리스도의 아버지이신 하나님, 하나님의 독생자이신 예수 그리스도, 하나님의 영이며 주님의 영이신 성령님은 변함이 없다. 각 언약의 시대에 따라 그 자리와 사역에 있어서 변화가 있지만 그 본질에 있어서는 변함이 없다. 표면적인 차이로 인해 하나님이 변하는 것인 양 말하는 잘못에 빠지지 않아야 한다. 전혀 다른 하나님인 것처럼 말하는 것은 더욱 그렇다.

2. 언약이 겹치는 기간

계시 역사의 진행을 따라 앞의 언약에서 뒤의 언약으로 넘어갈 때는 겹치는 기간이 있었다. 이전 언약과 새 언약이 공존하는 기간이다.

아담 언약의 시대에서 노아를 택하여 부르시고 홍수로 옛 세상을 멸망시킨 후 노아 언약을 맺으신다. 그러므로 노아 홍수와 관련된 120년[2]은 겹치는 기간이라고 할 수 있다. 노아 언약의 시대에서 아브라함을 택하여 부르시고 그와 언약을 맺으신다. 그런데 신약 성경에서 이삭을 택하시는 것과 야곱을 택하시는 것을 언약이 겹치는 기간에서 남은 자를 부르시는 근거로 사용하고 있다(롬 9:6~24, 갈 4:21~31). 그렇다면 아브라함을 부르신 후부터 야곱을 택하시기까지를 언약이 겹치는 기간으로 볼 수 있다. 아브라함은 야곱이 태어난 이후 15년 동안 살아 있었다. 아브라함 언약 가운데서 하나님이 이스라엘을 이집트에

---

2) 하나님은 노아 시대에 노아 가족 여덟 명을 제외하고 모두 홍수로 죽이셨다. 그 당시에 하나님의 아들들이 사람의 딸들의 아름다움을 보고 자기들이 좋아하는 모든 여자를 아내로 삼았다. 하나님은 그들이 육신이 되었기에 그의 영이 영원히 사람과 함께 하지 아니하리라고 말씀하셨다. 동시에 "그들의 날은 백이십 년이 되리라"(창 6:3)고 말씀하셨다. 여기에서 120년이 사람의 일반적인 수명을 가리킨다고 생각하는 경향이 있다. 노아 홍수 이후의 아브라함은 175세, 이삭은 180세, 야곱은 147세를 살았다. 일반적인 수명에 대한 기술이라면 그 선언 이후에는 120세를 넘어가는 사람이 없어야 한다. 하나님이 자신의 선언도 지키지 못하는 분이 아니라면 말이다. 그 구절에서 '그들'은 그 당대의 하나님의 아들이다. 그 당대의 하나님의 아들의 날이 120년이 되리라는 것이다. 이는 홍수 심판이 집행되기까지의 기간이다. 120년 후에 홍수 심판으로 그 당대의 하나님의 아들들이 모두 죽게 된다는 선언이다. 하나님의 이 선언은 노아가 480세에 주어진 것이다. 노아가 방주를 짓는 것은 그 이후의 어느 시점이다. 정확하게 알 수는 없다. 홍수가 시작되기 5년 전일 수도 있고 10년 전일 수도 있으며 100년 전일 수도 있다. 상식적으로 생각하면 노아의 자녀들 곧 셈과 함과 야벳이 태어나고 어느 정도 성인이 되어 함께 도울 수 있는 시점이라고 볼 수 있다. 여기에서 120년은 인간의 일반적인 수명에 대한 것이 아님은 너무나 분명하다.

서 불러내시고 시내 산 언약을 맺으신다. 이스라엘을 약속의 땅인 가나안으로 인도하셔서 안식을 얻고 그것을 누리도록 하시기 위함이다. 그런데 신약 성경에서 출애굽 후부터 가나안 땅에 들어가기까지를 회복 언약과 예수 그리스도께서 완전하게 하신 새 언약의 교회를 세우는 것과 연결하여 말씀하고 있다(고전 10:1~13, 히 3:7~4:13). 그러므로 광야 40년을 겹치는 기간으로 볼 수 있다. 이스라엘이 둘로 나누어진 후 그들의 범죄에 진노하신 하나님은 앗수르와 바벨론을 심판의 막대기로 삼아 이스라엘을 멸망시키신다. 그리고 70년의 기간이 지난 후에 가나안 땅으로 돌아오는 이스라엘 백성이 있게 하신다. 남은 자들이다. 하나님은 그 남은 자와 회복 언약을 맺으신다. 성경에서는 새 언약(렘 31:31~34), 영영한 언약(렘 32:37~44, 50:5), 화평의 언약(겔 37:26)이라고 표현되어 있다. 신약 성경은 그 남은 자를 예수 그리스도께서 완전하게 하신 새 언약의 교회로 부름 받는 이스라엘과 연결하여 말씀한다(롬 9:27~29). 그렇다면 이스라엘이 완전히 멸망당한 때부터 회복이 이루어질 때까지를 겹치는 기간으로 볼 수 있다. 예수님께서 자기 백성인 이스라엘을 저희 죄에서 구원하시려고 오셨다. 그때로부터 주후 70년에 예루살렘과 헤롯 성전을 파괴하심으로 옛 언약에 속한 이스라엘과 세상을 심판하실 때까지는 언약이 겹치는 기간이다.

가) 겹치는 기간의 독특성

겹치는 기간의 독특성은 이전 언약도 유효하고 새 언약도 유효하다는 것이다. 옛 언약의 백성이었는데, 새 언약으로 부르심을 받은 이들에게 옛 언약이 여전히 유효하다. 하나님께서 공식적으로 폐하시기 전까지 옛 언약은 유효하다. 반면에 옛 언약에 속하지 않았다가 새 언약에 속하게 된 이들은 옛 언약이 적용되지 않는다.

● 유대인 신자들의 율법 준수

예수님의 십자가 죽으심과 부활 그리고 승천 이후에도 유대인들이 할례를 행하고 율법을 지켰다. 유대인 그리스도인들도 할례를 행하고 율법을 지켰다. 그것이 여전히 유효하였기 때문이다. 할례를 행하고 율법을 지키는 것이 예수 그리스도의 십자가를 훼손하는 죄악이 되지는 않는다. 사도행전에서 예루살렘 교회가 안식일을 지켰음을 보게 된다. 안식일을 지킨다는 것은 제물을 사용한 제사를 행한다는 것이다. 예루살렘에 올라간 바울 사도를 만난 야고보는 "형제여 그대도 보는 바에 유대인 중에 믿는 자 수만 명이 있으니 다 율법에 열성을 가진 자라"(행 21:20)고 말하였다. 야고보는 바울 사도에게 유대인 그리스도인들 중에서 서원한 네 사람이 있는데, 함께 결례를 행하고 비용을 내어 머리를 깎게 하라고 요청한다. 바울 사도는 거리낌 없이 그 요구를 받아들인다(행 21:24~26). 특히 26절에는 "함께 결례를 행하고 성전에 들어가서 각 사람을 위하여 제사 드릴 때까지의 결례 기간이 만기된 것을 신고하니라"라고 말씀하고 있다. 그 결례는 나실인의 결례였다. 나실인의 서원을 하고 그 기간이 끝나는 때에 나실인에 대한 율법을 따라 이루어지는 결례였다. 예루살렘 교회에서는 그 당시까지 나실인의 서원이 행해지고 있었다는 말이다. 유대인 그리스도인들이 율법에 열성이라는 야고보 장로의 말과 나실인의 서원이 이루어지는 상태를 함께 생각하면 여전히 율법을 철저하게 지키고 있었다는 것을 알수 있다. 그 당시에 예루살렘에 살면서 안식일을 지키지 않았다는 것은 불가능하였다. 예루살렘에 살던 유대인 그리스도인들은 안식일을 준수하였다.

바울 사도는 갈라디아서에서 베드로 사도를 책망한 일을 기록하였다(갈 2:14). 이방인 그리스도인들과 식사를 하다가 할례자들이 온다는 소식을 듣고 베드로와 바나바 그리고 유대인 그리스도인들이 식사자리에서 떠나 물러가는 일이 있었다. 유대인과 이방인이 함께 섞일 수 없다는 율법을 따른 행동이었다. 그것은 이방인 그리스도인들에게 율법을 따르는 삶을 지지하는 것이었다. 그가 "어찌하여 억지로 이방인을 유대인답게 살게 하려느냐"고 말한 이유이다. 그런 그가 제사가 포함된 나실인의 결례에 대해서는 아무런 거리낌이 없이 비용을 대고 동참하고 있다. 어떻게 그것이 가능한가? 그 시점에서는 유대인 그리스도인들이 율법을 지키는 것은 아무런 문제가 되지 않았기 때문이다.

물론 유대인 그리스도인이 반드시 할례를 행하고 율법을 지켜야하는 것은 아니다. 이전 언약을 완전하게 한 새 언약에 속하였기에 이전 언약에 대해서는 자유롭다. 완전하게 된 것이 오면 그 이전의 것은 폐하여진다. 완전하게 된 것에 속하였으면 그 이전의 것에 반드시 매이지는 않을 수 있다. 다만 이전 것이 완전히 폐해지기 이전까지는 옛 언약이 여전히 유효하기에 지키는 것이 문제가 되지 않을 뿐이다. 유대인에게는 유대인과 같이, 이방인에게는 이방인과 같이 되었다(고전 9:20)는 바울 사도의 자유는 이러한 배경을 가지고 있다.

● 참 신 경배와 우상 숭배

유대인 그리스도인들과 유대인들이 다 함께 돌 성전에서 제사한다고 하더라도 내용에 있어서는 차이가 있다. 전자는 참 신을 경배한 것이고 후자는 우상을 숭배한 것이라는 사실이다. 독생자 하나님이 사람이 되셨다. 예수님이시다. 그 이후로 하나님은 예수 그리스도의 아버지로서 하나님이시다. 성부이시다. 성부이신 하나님만이 참 신이다. 예수 그리스도의 아버지가 아닌 신은 우상이다. 비록 구약 성경에 계시된 바를 따른 신이라고 하더라도 우상이다. 예수 그리스도의 아버지로서 야웨와 예수 그리스도의 아버지가 아닌 야웨는 같은 신이 아니다. 전자만 참 신이고 후자는 우상이다. 오늘날 교회에서 이야기되는 야웨는 예수 그리스도의 아버지이신 하나님이시다. 그분을 예배하는 것은 참 신 경배이다. 오늘날 유대인들에게서 이야기되는 야웨는 예수 그리스도의 아버지가 아닌 신이다. 그 신을 예배하는 것은 우상 숭배이다.

● 이방인 신자들의 율법 준수(?)

이방인 그리스도인들은 애초에 옛 언약과 아무런 상관이 없었다. 이방인 그리스도인들은 옛 언약 아래에 있지 않았다. 그들은 세상에 속하였다가 곧바로 예수 그리스도의 새 언약으로 들어오게 된 사람들이다. 세상에서 옛 언약을 거쳐서 새 언약 안으로 들어온 것이 아니다. 그러므로 그들에게는 옛 언약 준수가 요구되지 않는다. 요구하는 것 자체가 죄악이다.

● 유효하지 않은 옛 언약

옛 언약이 완전히 폐지되고 새 언약만의 시대가 펼쳐지면 옛 언약은 더 이상 유효하지 않다. 주후 70년에 예루살렘 멸망과 돌 성전 파괴로 옛 언약이 완전히 폐지된 이후에는 옛 언약이 더 이상 유효하지 않다는 것이다. 완전하게 된 새 언약 안에 옛 언약이 모두 녹아들었다. 하나님은 옛 언약을 완전히 녹여서 새 언약을 만드셨다. 그렇게 옛 언약을 완전히 폐하시고 새 언약만의 시대가 열리면 옛 언약은 더 이상 효력이 없다. 유대인 그리스도인들이라도 그 시점 이후로는 할례를 행하거나 율법을 준수하여서는 안 되는 것이다. 교회 역사적으로 유대인 그리스도인들이 더 이상 안식일을 지키지 않고 안식 후 첫날을 지켰던 것[3]은 그러한 이유이다.

● 잘못된 주장들

안식교에서는 안식일을, 하나님의 교회에서는 유월절을 지켜야 한다고 주장한다. 예수님과 예루살렘 교회가 안식일과 절기를 지켰으며 예수님과 예루살렘 교회는 오늘날 교회의 모범이 된다는 것이다.

---

3) 〈그랜드종합주석, 14〉(성서교재간행사, 1993), 454.

그들은 전통 교회가 성경적인 근거도 없이 자신들의 주장을 거부하고 있다고 말한다. 이는 언약이 겹치는 기간에 대한 이해 부족이 그 원인이다. 예수님과 예루살렘 교회가 안식일과 유월절을 지킨 것은 옛 언약이 공적으로 파기되지 않았기 때문이다. 옛 언약이 공적으로 파기된 이후에는 달라진다. 다만 정당한 근거를 제시하지 못하고 그들이 틀렸다고만 말하는 관행은 시정되어야 한다. 그로 인해 기존 교회에서 그들에게로 넘어간 성도들이 적지 않다. 한 성도는 자신의 의문에 대해 목회자가 "그냥 믿음 생활을 잘하기만 하면 된다"고 말할 뿐이어서 성경적인 주장(?)을 하는 하나님의 교회에 속하게 되었다고 하였다. 전통 교회가 언약이 겹치는 기간에 대한 이해를 가지고 바르게 설명하여야 함의 중요성을 잘 보여주고 있다.

● **언약의 백성이면서 세상**

겹치는 기간의 다른 독특성은 옛 언약의 백성은 언약의 백성이면서 동시에 세상이라는 것이다. 하나님께서 새로운 언약의 시대를 펼치실 때, 그 이전의 언약에 속한 자는 새 언약과의 관계를 맺어야만 생명을 얻는다. 언약이 겹치는 기간에 언약의 백성들은 애초에 언약에 속하지 못한 자들과 같이 새 언약을 맺어야 한다. 그래서 겹치는 기간의 언약의 백성들은 또한 세상이기도 하다. 언약이 겹치는 기간에 옛 언약의 백성은 옛 언약의 관점에서는 언약의 백성이면서 새 언약의 관점에서는 새 언약의 관계가 맺어져야만 하나님의 언약 백성이 될 수 있는 세상이다.

● 천국의 비밀 소유권자

예수님께서 천국의 비밀을 아는 것이 제자들에게는 허락되었으나 다른 유대인들에게는 아니 되었다(마 13:11)고 말씀하신다. 유대인들은 언약의 백성이기에 그것을 평면적으로 옮기면 언약의 백성 가운데 천국의 비밀을 소유하게 된 사람들이 있고 그렇지 못한 사람들이 있다는 것이 된다. 신천지의 이만희 총회장은 천국의 비밀이 허락된 이들이 신천지인들이고 허락되지 않은 이들은 기독교라고 주장한다. 이 주장도 역시 언약이 겹치는 기간에 대한 몰이해의 결과이다. 천국의 비밀이 아는 것이 허락되지 않은 유대인들은 새 언약의 관점에서는 세상이다. 하나님의 부르심을 받은 사람들인 교회는 천국의 비밀이 알려진 제자들에 속한다. 언약에 대한 이해가 평면적이면서 얕으면 그러한 엉터리 주장을 하게 된다. 그러한 주장에 대해 아무런 비판이 없이 그대로 수용하게 된다. 기독교 목사들의 평면적이면서 얕은 언약 이해가 그러한 일이 발생하도록 하는 원인으로 작용하고 있다.

● 추수꾼의 문제

신천지의 이만희 총회장은 예수님께서 말씀하신 추수 때가 지금이며 추수의 대상은 교인들이라고 주장한다. 유대인들이 하나님을 믿는 사람이기에 오늘날에는 기독교로 연결된다고 생각하기 때문이다. 추수꾼들을 대량으로 교회에 침투시켜 빼내어왔다. 그 한 방식인 산 옮기기는 한 교회 전체를 신천지로 바꾸는 전략이다. 자신들 안에서는 공공연하게 교육되었다. 한 신천지인들을 만나 대화하는데, 자기 집

근처에 있는 한 대형 교회의 신자가 작은 교회의 신자 집에 찾아가서 자기 교회로 전도하는 모습을 비판한다. 비판 받아 당연하다고 생각한다. 그런데 그녀는 신천지의 추수꾼으로 외국의 한인 교회에 가서 6개월을 지내다가 왔으면서도 그 부분에 대해서는 아무런 문제의식이 없었다. 예수님 당대의 유대인들이 새 언약의 관점에서는 세상이기에 오늘날에는 불신자로 연결되는 데도 그 사실을 제대로 모르기 때문이다. 성경의 가르침에 대한 잘못된 이해가 잘못된 행태를 낳고 있다.

● **마귀의 자식**

세례 요한과 예수님은 바리새인들과 사두개인들 그리고 서기관들에게 독사의 자식이라고 선언하셨다(마 3:7, 마 12:34, 23:33). 유대인들 중에 특별하게 그들만 해당되는 것이라기보다는 옛 언약 아래 있으면서 새 언약으로 오지 않는 유대인들의 대표로서 그렇게 말씀하신 것으로 보인다. 예수님이 자기를 믿은 유대인들과 이야기하면서 하나님께서 보내신 예수님을 사랑하지 않는 유대인들이 마귀에게서 났다(요 8:44)고 말씀하셨기 때문이다. 진리가 그 속에 없으므로 진리에 서지 못하고 거짓을 말할 때마다 제 것으로 말하는 거짓말쟁이요 거짓의 아비가 된 마귀의 자녀라고 말씀하셨다. 독사의 자식과 마귀의 자녀는 동의어이다. 마귀는 죽음의 세력을 잡은 자이며(히 2:14) 세상 임금이다(요 12:31). 마귀가 세상 임금이기에 세상에 속한 자는 마귀의 자녀이다. 예수님 당대의 유대인들 중에서 예수님께 나아오지 않는 이들은 새 언약의 관점에서 세상이기에 그들은 마귀의 자녀들이다.

● 오래 참으시는 기간

언약이 겹치는 기간은 하나님의 오래 참으시는 기간이다. 언약에 신실하지 못한 자들에 대하여 하나님께서 부여하신 회개의 기회였다. 오순절 성령 강림 이후에 유대인들은 사도적 복음을 듣고 예수님을 영접하여야 했다. 그들은 옛 언약의 말씀을 맡았다는 특권을 가지고 있었다(롬 3:1~2). 그 특권을 바르게 활용하면 예수님에 대하여 바른 관점을 가질 수 있다. 그리고 새 언약의 백성들에게서 함께 하시는 하나님을 보고 새 언약으로 들어와야 하는 것이다. 하나님께서 새 언약의 백성과 함께 하심은 옛 언약의 백성으로 하여금 시기하게 하여 구원을 얻도록 하시려는 것이다(롬 11:14). 하나님께서는 겹치는 기간 동안 옛 언약 백성들에 대한 심판을 유보하시고 그들이 구원을 얻도록 참으셨다.

● 산통의 기간

언약이 겹치는 기간은 언약의 백성에게 어미가 이미 잉태한 자식을 낳기 위하여 큰 고통을 겪는 것과 같은 산통의 기간이다. 하나님께서는 새 시대를 펼치심에 있어서 옛 세상을 멸하시는 역사를 행하신다. 노아 홍수가 그러했고, 아브라함을 부르시기 이전에 한 언어를 혼잡케 하시고 사람들을 흩으심이 그러했다. 이스라엘이 가나안에 들어가기 전에 이집트에서 핍박을 받고 광야에서 유랑했음이 그러했다. 북이스라엘과 남 유다가 멸망당하고 포로 생활을 겪음이 그러했다. 하나님께서는 그 과정을 거친 후에 새 생명이 태어나도록 역사하셨다. "야웨여 잉태한 여인이 산기가 임박하여 구로하며 부르짖음같이 우리가 주의 앞에 이러하니이다"(사 26:17)와 같다.

3. 언약의 공적 파기

언약이 겹치는 기간이 끝나면 이전 언약은 공적으로 파기된다. 베드로 사도는 노아 홍수를 통한 멸망을 옛 세상을 용서하지 않으심이라고 진술하였다(벧후 2:5). 정확하게 번역하면 아끼지 아니하심이다. 노아 홍수가 아담 언약 아래 있던 세상의 멸망이라는 말이다. 노아 홍수가 옛 세상을 아끼지 않으심이라면 노아 홍수 이후는 새 세상이 된다는 것은 지극히 당연하다. 이처럼 언약의 진전에 있어서 이전 언약 시대가 끝나는 것은 이전 언약 아래 있는 세상의 종말이다. 그 언약 시대의 하늘과 땅이 멸하여지는 것이다. 이후 언약 시대가 펼쳐지는 것은 새 세상의 임함이다. 새 하늘과 새 땅의 임함이다. 이는 새 하늘과 새 땅이라는 표현이 명시적으로 있든지 없든지 간에 동일한 원리이다.

● 각 언약의 시대에 나타난 양상

아담 언약이 노아 홍수 이후에 공적으로 파기되었다. 그 이후부터는 노아 언약만이 존재하게 되었다. 노아 언약이 아브라함을 부르신 이후에 어느 시점에서 공적으로 파기되었다. 소돔과 고모라의 멸망이 그 시점이라고 말할 수 있다. 아브라함 언약이 모세를 통하여 이스라엘을 부르신 이후에 공적으로 파기되었다. 이스라엘이 출애굽 이후에 시내 산에서 언약을 새롭게 맺으실 때라고 말할 수 있다. 모세 언약에서 불순종하는 하나님의 백성에 대한 심판은 돌 성전이 완전히 파괴되고 그들이 포로로 잡혀가는 것으로 나타났다. 모세 언약이 에스라의 주도하에 포로에서 돌아와서 돌 성전을 건축하고자 하면서 공적으로 파기되었다. 다만 포로 후 회복 언약은 내용에 있어서 모세 언약과 율법이라는 공통점을 여전히 가지고 있었다. 예수님을 통해 완성된 새 언약이 생겨나고 유대인들과 이방인들에게 전파된다. 복음, 사도적 복음이다. 초대 교회 시대에는 여전히 유대인들이 언약의 백성으로 인정을 받고 있었다. 예루살렘 교회는 그 사실을 인지하고 옛 언약의 율법을 지켰다. 아지 옛 언약이 공적으로 파기되지 않은 상태이다. 오늘날은 옛 언약이 공적으로 파기되었다. 그렇다면 언제인가?

● 스가랴서에 담긴 언약 파기

하나님은 선지자 스가랴에게 이스라엘 백성들에 대한 심판을 말씀하신다. 포로 회복 이후의 이스라엘 백성들이다. 이스라엘은 자기 죄로 인해 이방인에게 멸망하게 될 것이다. 잡혀 죽을 양 떼 곧 가련한 양들이다(슥 11:7). 실제로 이스라엘은 이후에 로마의 포로가 되어 생활하게 된다. 스가랴는 막대기 둘을 취하여 하나는 은총이라 하며 하나는 연합이라 하고 양 떼를 먹인다(8절). 그렇지만 그 사역은 곧 중단되고 은총이라 하는 막대기를 취하여 꺾는다. 이것은 모든 백성들과 세운 언약을 폐하려 함이었다(10절). 당일에 언약이 폐해졌다. 스가랴는 자신의 사역에 대한 품삯을 백성들에게 요구하는데, 은 삼십 개를 받게 된다(12절). 하나님은 그 삯을 토기장이에게 던지라고 말씀하시고 스가랴는 따른다. 그리고 연합이라는 막대기를 꺾는다. 이는 유대와 이스라엘 형제의 의리를 끊으려 함이었다(14절). 유대인들의 결속력 와해인데, 실제로 로마 정권에 빌붙어 기득권을 고수하던 계층과 로마 정권에 대항해 독립을 쟁취하려 했던 계층 간의 반목과 대립은 유대로 하여금 반란을 일으키게 하였다. 이는 급기야 로마에게 군사 행동의 빌미를 주어 유대 멸망을 가속화시켰다. 결국 주후 70년에 예루살렘 멸망과 돌 성전이 완전히 파괴되는 일이 발생했다(〈그랜드종합주석 11〉, 1064). 스가랴서에서 이야기되고 있는 언약의 공적 파기는 주후 70년에 예루살렘 멸망과 돌 성전 파괴를 통하여 이루어졌다. 모세 언약 시대에서 하나님의 심판이 솔로몬 성전 파괴로 명시화되었던 것과 같다.

● 예루살렘 멸망과 돌 성전 파괴

주후 70년의 예루살렘 멸망과 돌 성전 파괴가 포로 후 회복 언약의 공적 파기였다. 포로 후 회복 언약의 중심에 율법이 있었고 율법은 내용에 있어서 돌 성전과 깊은 관련을 가지고 있다. 율법의 중심에 돌 성전이 있었다. 돌 성전이 파괴되면 제사를 할 수 없고 율법 준수가 불가능해진다. 하나님께 얼굴을 보이는 절기 준수도 마찬가지이다. 돌 성전이 있어야만 절기 준수가 가능하다. 그 언약의 공적 파기는 율법의 폐기이기도 하다. 율법에 열성인 유대인 그리스도인들이 더 이상 율법 준수에 열성을 내어서는 안 된다. 율법 준수의 핵심이었던 안식일 준수도 마찬가지이다. 모세 언약의 핵심인 율법 자체는 폐기된다. 십자가에서 폐하신 법조문으로 된 계명의 율법(엡 2:15)이 실질적으로 폐하여지는 것이다.

하나님께서는 더 이상 유대인들을 언약의 백성으로 보지 않으신다. 옛 언약이 공적으로 파기되었기에 옛 언약의 관점이 없어졌기 때문이다. 그 시점 이후의 유대인들은 더 이상 언약의 백성이 아니다. 비록 유대인들은 스스로에 대해 하나님의 언약의 백성이라고 생각하지만 실제로는 아니다. 그들이 여전히 율법을 보존하고 가르치며 민족성을 유지하고 있지만 언약의 백성은 아니다. 지금의 이스라엘은 한 불신 국가일 뿐이다. 다른 모든 나라와 같다. 개인적으로 거듭나고 예수님을 그리스도로 영접하여 새 언약의 하나님의 백성이 될 수 있다. 예수 그리스도의 재림이 이루어지기 이전에 유대인들의 민족적인 회심이 이루어질 것이라는 생각은 언약에 대한 몰이해로 인한 것이다. "온 이스라엘이 구원을 받으리라"[4](롬 11:26상). 여기에서 이스라엘은 옛 언약이 공적으로 파기되지 않았던 그 당대에 언약의 백성이라는 지위를 가지고 있던 사람들로서 이스라엘이다. 그 말씀은 옛 언약을 공적으로 파기하시기 전에 새 언약으로 부르시고자 하셨던 이스라엘의 남

---

4) 기존 종말론에서 빠지지 않고 이야기되는 마지막 때에 있을 이스라엘의 민족적 회심의 근거이다. 그렇지만 그 구절은 이스라엘의 민족적 회심과는 아무런 상관이 없다. 그 연장선상에서 선교단체가 이스라엘과 아랍인들의 화해를 시도한다. 두 민족의 화해는 꼭 필요하다. 그렇지만 그것은 성경의 내용과는 별개의 사안이다. 온 이스라엘이 구원을 얻으리라는 말씀은 그 시점에서는 미래의 일이지만 우리에게는 이미 이루어진 과거의 일이다.

은 자들이 모두 구원을 받을 것이라는 뜻이다.

언약의 공적 파기는 신학적으로 그 언약 안에 있던 우주의 종말이다. 예루살렘 멸망과 돌 성전 파괴를 물리적으로 보면 역사의 한 시점에 한 민족에게서 발생한 안타까운 일일 뿐이다. 그렇지만 신학적으로는 그 언약의 세계가 끝난 것 곧 그 세계의 종말이다. 그 세계의 하늘이 두루마리가 말리는 것 같이 떠나간 것이다(계 6:14). 성경에서 이야기되는 사건은 언제나 신학적으로 파악하여야 한다. 물리적으로 보고 그것으로 끝내면 성경이 담아둔 의미를 바르게 파악하지 못하게 된다.

● **구분하여 읽기**

신약 성경에는 신자들이 크게 두 부류로 구분된다. 유대인 신자들과 이방인 신자들이다. 둘은 같은 신앙을 가진 하나님의 새 언약 백성들이다. 예수 그리스도의 십자가와 부활이라는 복음으로 하나님의 부르심을 받았다. 그런데 삶의 원리에 있어서는 차이가 있다. 전자는 율법 아래 있다가 복음으로 부르심을 받았는데, 율법에 열성적이었다. 율법 준수에 철저하였다는 것이다. 여전히 율법이 유효하였기 때문이다. 후자는 율법 밖에 있다가 복음으로 부르심을 받았기에 율법 준수와 무관하다. 언약의 시계추는 전자에서 후자로 진행 중이었다.

이방인 신자들에게 율법 준수를 요구하는 것은 언약의 시계추를 되돌리려는 것이었다. 바울 사도가 그렇게 강력하게 막으려고 노력했던 이유이다. 언약의 시계추를 되돌리려는 것은 하나님 앞에서 범죄였기 때문이다. 로마서와 갈라디아서에서 진술되고 있는 내용은 모두 이

것과 관련되어 있다.

　신약 성경에는 신자들과 삶의 원리에 있어서 두 부류가 존재하고 각각 차이가 있음을 진술하고 있다. 구분이다. 두 언약이 겹쳐 있는 기간으로 인한 특성이다. 대부분의 경우에 그 구분을 제대로 인식하지 못하고 있다. 이방인 신자들에게 요구된 삶의 원리를 당연하다는 듯이 유대인 신자들에게 적용시킨다. 그렇다 보니 예루살렘에서 제사가 포함된 나실인의 결례에 바울 사도가 동참하였음을 이해할 수 없어서 다른 설명을 덧붙이려고 한다. 그럴 필요가 없다. 바울 사도는 유대인 신자들과의 관계에서는 율법 준수의 자유를 가지고 있었고 이방인 신자들과의 관계에서는 율법을 준수하지 않는 자유를 가지고 있었기 때문이다.

　이러한 구분은 한시적이었다. 옛 언약을 공적으로 파기하시기 전까지 한시적이었다. 언약의 시계추가 흘러 두 언약이 겹쳐 있는 시점을 지나가면 양자의 구분은 없어진다. 유대인과 비유대인이라는 민족적 구분은 여전하다고 하더라도 언약에 있어서 구분은 없어지는 것이다. 양자 모두 새 언약 안에서 삶의 원리에 있어서도 동일하게 되는 것이다. 유대인 신자들도 더 이상 율법을 지키지 않는다. 자유롭게 하는 온전한 율법을 지킨다. 안식일을 준수하지도 않는다. 안식 후 첫날을 지킨다. 유대인과 이방인이 그리스도 안에서 한 새 사람으로 지어졌는데(엡 2:14), 온전하게 되는 것이다. 예루살렘 멸망과 돌 성전 파괴가 그 시작 시점이다.

● 구속 역사의 내용

예수님의 구속 역사를 말할 때에 일반적으로 십자가와 부활을 이야기한다. 좀 더 확장하면 오순절 성령 강림까지 포함시킨다. 주후 70년의 예루살렘 멸망과 돌 성전 파괴를 통한 옛 언약의 공적 파기를 생각하는 경우는 거의 드물다. 그렇지만 옛 언약의 공적 파기는 구속 역사의 마지막 단계이다. 그분이 자기 왕권을 가지고 그 땅에 오시는 것이기 때문이다. 물론 여기에서 그 땅은 이스라엘을 가리킨다. 자기 땅에 예수님께서 왔음에도 자기 백성이 영접하지 않았다(요 1:11). 그럼에도 불구하고 그들을 구원하시기 위해 스스로를 주심과 끝내 돌이키지 않음에 대해 공적인 심판을 집행하심이 모두 구속 역사에 포함된다.

● 신약 성경의 배경

신약 성경은 언약이 겹치는 기간을 배경으로 하고 있다. 포로 후 회복 언약으로서 새 언약과 예수님께서 완전하게 하신 새 언약이 공존하다가 이전 언약을 공적으로 파기하시기 전이 배경이다. 곧 이전 언약의 공적 파기가 이루어질 시점이다. 그 시점에서는 속히 이루어질 일이다(계 1:1). 예수님께서 열매 맺지 않는 무화과나무를 저주하셔서 말리심으로 예표하신 바가 성취되는 것이다. 유대인들 곧 옛 언약의 하나님의 집에서 심판이 집행되는 것이다. 그래서 베드로 사도는 하나님 집에서 심판을 시작할 때가 되었다(벧전 4:17)고 기술하였다. 감람산 강화(마태복음24장)도 동일한 내용이다. 예수님은 성전 건물을 눈

앞에 두고 "돌 하나도 돌 위에 남지 않고 다 무너뜨려지리라"(마 24:2)고 말씀하셨다. 제자들은 돌 성전이 파괴된다는 것의 의미를 잘 알고 있었다. 솔로몬의 성전이 파괴된 것을 통하여 이미 학습이 되어있었던 것이다. 불의한 언약의 백성에 대하여 심판을 집행하시면서 한 언약의 시대를 끝내시는 하나님의 역사라는 것을 알고 있었다. 하나님은 한번 떠나신 집으로 다시 돌아가시지 않으신다. 새 집을 지으시고 그 집으로 들어가신다. 당연히 옛 집은 파괴시키신다. 언약의 백성에 대한 하나님의 심판이 곧 야웨의 임하심이며 심판 집행의 때가 야웨의 날이었다. 그래서 제자들은 주의 임하심과 세상- 정확하게 번역하면 세대-끝에 무슨 징조가 있느냐(3절)고 질문하였던 것이다. 그들에게는 돌 성전 파괴가 주의 임하심이며 그 언약의 시대가 끝나는 것이었기 때문이다. 그 당시의 제자들에게는 오늘날 우리가 말하는 우주의 종말과 같은 개념이 없었다. 구약 시대에서부터 이어진 언약적 종말에 대한 개념만 있었다. 그 시점에서의 언약적 세대의 종말에 대한 개념만 있었을 뿐이다. 예수님께 한 그들의 물음은 자신들이 가지고 있는 개념을 벗어나지 않는다. 벗어날 수가 없다. 자신들의 머리에 없는 개념을 질문할 수는 없기 때문이다. 반면에 이 시대의 신자들에게는 유대인들과 같은 언약의 공적 종말에 대한 개념이 없다. 예수님께서 완성하신 새 언약 이후의 언약은 없기 때문이다. 현재의 언약이 2,000년 전부터 지금까지 지속되어 왔을 뿐이기 때문이다. 그렇다보니 유대인들과 같은 시각이 없이 신약 성경을 읽는다. 유대인들을 배경으로 하고 있음에도 그들의 관점을 무시하고 이 시대의 관점으로 읽는다. 자연히 신약 성경이 말씀하는 바를 제대로 파악하지 못하게 된다. 초대교회 때에는 그렇지 않았다. 사도들이 살아 있으면서 자신들의 글이 무엇을 의미하는지 가르쳤기 때문이다. 지역을 순회하면서 기록한 글이 뜻하는 바를 가르쳤다. 그 시대의 신자들은 그 글을 기록한 이들과 같은 시각으로 신약 성경을 읽는 데에 아무런 어려움이 없었다. 당연하게 받아들였을 것이다. 문제는 그러한 가르침이 문헌으로 전승되지 않았다는 것이다. 그들은 너무나 당연하였기에 말로는 전하였지만 별도의 글로 남기지는 않았다. 어느 시점이 지나면서 다른 시각이 교회 내에 자리를 잡고 그것이 계속 전승되어 오늘날에 이르렀다. 신약 성경에 기록된 종말에 대한 이해를 형성하고 주류가 되었다. 요한계시록을 우주적 종말의 재림에 관한 책으로 보는 것이 대표적이다. 유대인들에게 너무나 당연하였던 관점은 비주류로 취급되고 배척당했다. 요한계시록을 주후 70년의 예루살렘 멸망과 돌 성전 파괴를 통한 옛 언약의 공적 파기 곧 주 예수님의 강림에 관한 책으로 읽는 것이다. 성경은 고문서이다. 기록된 시대를 배경으로 하고 있기에 그 시대적 관점을 바르게 알고 그 관점으로 읽어야 한다.

4. 언약의 개인적 파기

하나님께서는 짐승들과는 달리 사람을 하나님의 형상으로 창조하셨다(창 1:27). 하나님과 교제할 수 있는 존재로 창조하신 것이다.

짐승은 하나님과 교제할 수 없는 존재이다. 그래서 성경에서 사람은 하나님의 백성을 상징하고 짐승은 이방인을 상징한다. 에스겔은 범죄한 이스라엘에 대하여 이방인을 통한 하나님의 심판을 말하면서 멸망자들을 짐승 같은 자라고 했다(겔 21:31). 하나님과 언약 관계가 형성되지 못한 사람들은 성경에서 짐승으로 기술된다.

● 사람과 짐승

언약 관계가 형성되었다면 본질적으로 짐승이 아니라 사람이다. 존귀한 존재이다. 그렇다면 짐승과 달리 존귀한 존재인 사람의 지위는 불변인가? 아니다. 존귀하나 깨닫지 못하는 사람은 멸망하는 짐승과 같다(시 49:20). 훈계를 좋아하지 않고 징계를 싫어하는 자도 짐승과 같다(잠 12:1). 원래부터 짐승인 이방인들과 달리 원래는 사람이었지만 짐승이 되는 것이다. 사람이었는데도 깨닫지 못하고 잘못된 모습에 대해 징계를 싫어하며 돌이키지 않으면 어떻게 되는가? 짐승이 되는 것이다. 이방인과 같이 되는 것이다.

● 새 언약으로 들어오기

예수님께서 유대인들에게 복음을 전하셨다. 유대인들은 옛 언약의 백성이었다. 예수님이 전한 복음은 새 언약의 말씀이었다. 하나님께서 이전 언약의 시대를 마감하고 새 언약의 시대를 펼치시고자 하셨고 예수님을 통해 새 시대가 열린다. 옛 언약의 백성인 유대인들은 새 언약 안으로 들어와야 한다. 예수님의 말씀을 듣고 예수님께로 나아온

무리들이 있다. 예수님을 그리스도로 믿었다. 반면에 예수님을 그리스도로 믿지 않고 나아오지 않는 무리들이 있다. 그들에 대해 예수님은 하나님의 독생자의 이름을 믿지 아니하므로 벌써 심판을 받은 것이라고 말씀하셨다(요 3:18). 하나님께서 새 언약의 시대를 펼치실 때에 옛 언약 안에 있다고 해서 하나님과의 관계가 유지되지 않는다. 새 시대로 들어오지 않으면 하나님과의 관계는 단절된다. 개인적으로 언약 관계가 파기되는 것이다. 이방인과 같이 되는 것이다. 곧 짐승이 되는 것이다.

예수님이 그 말씀을 하시는 시점에는 믿지 아니하였지만 이후에 사도들이 전하는 복음을 듣고 예수님을 믿는 무리들도 있다. "하나님의 말씀이 점점 왕성하여 예루살렘에 있는 제자의 수가 더 심히 많아지고 허다한 제사장의 무리도 이 도에 복종하니라"(행 6:7). 그들은 언약의 백성이었다가 예수님의 공생애 때에 믿지 아니하므로 이방인이 되었다가 다시 새 언약의 백성이 된 것인가? 관계가 맺어졌다가 끊어졌다가 다시 맺어진 것인가? 그렇다고 말할 수는 없다. 공생애 때에 예수님을 믿지 아니하고 그 이후에도 계속적으로 믿지 아니한 유대인들은 지속적으로 하나님의 오래 참으시는 기간 안에 있었다. 그의 전 생애는 회개의 기회가 부여된 기간이었다. 그 기간 안에 돌이키면 언약의 백성이라는 지위가 지속되었고 끝까지 돌이키지 않으면 짐승이 되어 영원한 멸망을 받는 것이다. 믿지 아니하므로 심판을 받은 것이라는 예수님의 말씀은 이러한 경우를 염두에 두고서 말씀하신 것이다.

이방인들이 복음을 듣고 받아들이지 않으면 심판을 받은 것이다.

그들은 애초에 영원한 멸망을 받을 수밖에 없었고 영원히 멸망하는 것이다. 유대인들과 차이가 있다. 유대인들은 사람이지만 짐승과 같이 되는 것이라면 이방인들은 짐승이었다가 짐승으로 영원한 멸망을 받는 것이다. 그렇지만 그의 전 생애 가운데 복음을 받아들이게 되면 하나님과의 관계는 회복된다. 짐승이 아니라 사람이 되는 것이다.

● 공적 파기와 개인적 파기의 차이점

공적으로 언약이 파기되는 것과 개인적으로 파기되는 것은 다르다. 옛 언약의 백성들이 언약의 백성이라는 지위를 상실하는 것은 두 경우가 구분된다. 공적으로 파기되면 살아 있다고 하더라도 언약의 백성이라는 지위는 상실되었다. 주후 70년 이후의 유대인들은 언약의 백성이라는 지위를 상실하였다. 스스로 언약의 백성이라고 생각한다고 하더라도 하나님께서 그렇게 생각하지 않으신다. 언약의 백성으로 대하지도 않으신다. 공적으로 파기되기 이진이라면 죽을 때까지 언약의 백성이라는 지위를 상실하지 않는다. 오래 참으심의 기간을 지내는 것이다. 죽을 때까지 믿지 아니하면 그는 영원한 멸망을 받게 된다. 이는 성경에 명시적으로 기록되어 있지 않다. 성경 전체를 통하여 확인하게 되는 성경적인 원리이다.

5. 언약의 연속성

새 언약은 이전 언약과 완전한 단절되어진 것은 아니다. 모든 언약은 근원적으로 동일한 것을 추구하기에 원리적으로 연결되어 있는 연속성을 지니고 있다. 십계명의 "나 야웨 너의 하나님은 질투하는 하나님인즉 나를 미워하는 자의 죄를 갚되 아비로부터 아들에게로 삼 사 대까지 이르게 하거니와 나를 사랑하고 내 계명을 지키는 자에게는 천 대까지 은혜를 베푸느니라"(출 20:5~6)는 부분은 교회에도 동일하게 유효한 이유이다.

● **방식의 변화**

방식에는 변화가 있다. 예를 들어 시내 산 언약의 시대에는 모세 율법을 언약의 내용으로 하시지만 예수 그리스도께서 완전하게 하신 새 언약의 시대에는 복음을 언약의 내용으로 하는 것이다. 복음은 모세 율법의 성취이다. 그 율법의 완성이다. 새 언약의 백성에게 언약이라는 면에서는 동일한 원리로서 적용된다. 주후 70년 이후에 옛 언약이 완전히 폐해지면서 율법도 폐해졌고 십계명도 마찬가지이다. 교회에게는 완전하게 된 율법이 주어졌다. 자유롭게 하는 온전한 율법(약 1:25) 곧 자유의 율법(약 2:12)이 주어졌다. 신약 성경의 다른 곳에서 성령의 법(롬 8:2), 그리스도의 법(갈 6:2)이라고 표현되어 있다.

● 하나님의 집 건설

모든 언약에 있어서 동일한 내용은 하나님께서 거하실 집을 세우시고자 하시는 것이다. 성막이나 성전 등의 어떤 구조물로서의 하나님의 집이든지 아니면 하나님의 백성들로서의 하나님의 집이든지 말이다. 사실 구조물로서의 하나님의 집은 하나님의 백성들로서의 하나님의 집을 나타내는 한 방편이다. 모든 언약은 피조 세계가 하나님의 집으로 세움을 입는 것을 목표로 하고 있다. 첫 창조 때의 모습이었고 예수 그리스도의 재림으로 완성되어질 것이다. 물론 재림으로 이루어질 하나님의 집은 첫 창조 때의 하나님의 집보다 비교할 수 없는 풍성함이 있다.

2장
피상적인 율법 이해 벗어나기

2장
피상적인 율법 이해 벗어나기

십일조를 성경적으로 평가하기 위해서는 율법에 대한 선이해가 요구된다. 율법의 한 조항인 십일조를 바르게 이해하기 위해서는 율법에 대한 바른 이해가 선행되어야 한다. 율법에 대한 이해는 매우 피상적인 상태라고 생각한다. 신약 성경에서 율법과 관련하여 표면적으로 서로 다른 내용이 동시에 진술되어 있는데, 그 내용들을 바르게 통합하지 못하였기 때문이다. 율법에 관한 신약의 모든 진술들을 각 구절별로 충족시키면서 동시에 전체적으로 통합하여야 한다.

1. 계시의 점진성

하나님께서 그 뜻을 그 백성들에게 나타내시는 것을 계시라고 한다. 계시는 언약의 시대 흐름과 함께 변화가 생긴다. 이전 언약 시대에 비해 이후 언약의 시대에 더 밝아진다. 같은 주제일 경우에는 이전 시대보다 이후 시대가 더 밝아진 것이다. 온전해진 것이다. 메시야에 대한 진술 몇 가지를 생각하면 쉽게 확인할 수 있다. 여자의 후손(창 3:15), 모세와 같은 선지자(신 18:15), 다윗의 자손(사 11:1~10), 고난받는 종(사 52:13~53:12), 인자(단 7:13) 등이다. 하나님은 언약의 시대가 진행될수록 언약의 내용을 이전보다 더 온전하게 하셨다. 모든 주제에 예외가 없다.

온전해진 내용에는 그 이전의 내용 곧 온전하기 이전의 내용이 녹아있다. 교회는 온전해지기 이전의 내용과 온전해진 내용을 함께 파악하고 온전해진 내용을 추구하여야 한다.

십일조는 아브라함과 율법 그리고 예수님에게서 이야기되고 있다. 아브라함의 십일조는 율법 이전의 계시로서 율법보다 더 어둡다. 아브라함은 전쟁에서 승리하고 돌아오며 만난 살렘 왕 멜기세덱에게 얻은 것에서 십분의 일을 드렸다(창 14:20). 멜기세덱에 대한 아브라함의 이해가 어떠했는지는 나타나 있지 않다. 아마도 하나님께서 보내신 분으로 생각하였다고 여겨진다. 아브라함의 십일조는 그것으로 끝이다. 그 이후에 십일조가 지속되었다는 진술이 없다. 반면에 율법의 십일조는 출애굽과 홍해 건넘의 역사를 행하신 구원자 하나님께 드리는 것이다. 멜기세덱과 비교할 때에 그 대상이 온전해졌다. 아브라함의 십일조는 일회적이었던 것으로 보이지만 율법의 십일조는 지속적이다. 아브라함의 십일조는 그 용도에 대한 진술이 없지만 율법의 십일조는 용도가 명확하게 나타나 있다. 그 당대의 하나님 나라를 이룸에 있어서 온전하였다. 이처럼 율법의 십일조는 아브라함의 십일조보다 더 온전해진 것이다. 아브라함보다 율법이 십일조에 있어서 더 권위를 가진다. 아브라함의 십일조는 율법의 십일조에 녹아 있다. 많은 경우에 십일조를 논함에 있어서 율법의 십일조보다 아브라함의 일회적 십일조가 더 권위를 가지는 것으로 착각한다. 아브라함이 믿음의 조상이라고 이야기되기 때문인 듯하다. 믿음의 조상의 행위이기에 지금도 답습되어야 되는 것이 당연하다고 생각하는 경향이 있다. 잘못되었다. 아브라함보다 율법이 더 메시야를 온전히 계시하고 있다. 아브라함의 십일조보다 율법의 십일조가 메시야를 더 온전히 계시한다. 더 온전한 계시가 더 권위를 가진다. 율법의 십일조를 바르게 이해한 결과에는 아브라함의 십일조가 녹아 있다. 그러므로 율법의 십일조 이해로 충분하다.

2. 언약에 대한 몰이해

율법에 대한 성경적인 이해는 '율법이냐 은혜냐'[5]의 내용을 바르게 평가하면 된다고 생각한다. 이 책은 율법이 오늘날 교회에게 전혀 유효하지 않다는 사실을 분명하게 잘 밝히고 있다. 반면에 율법에 대하여 오늘날 교회가 성경의 가르침에 따라 바르게 생각하지 못하도록

---

5) 엠 알 디한, 『율법이냐 은혜냐』, 이용화 역(서울 : 생명의 말씀사, 2003)

가로막고 있다. 많은 이들에게는 이 말이 모순으로 들릴 수도 있겠지만 그것은 분명한 사실이다.

이 책의 내용이 나타내는 오류의 가장 근원적인 토대는 언약에 대한 몰이해이다. 이는 율법이 주어지는 배경에 대한 설명에 아주 분명하게 나타나 있다. 하나님께서는 이집트에서 나오게 하신 이스라엘과 시내 산에서 언약을 맺으신다. 이를 시내 산 언약 또는 모세 언약이라고 한다. 모세는 십계명을 포함한 계명 곧 하나님의 말씀을 시내 산에서 받아오기 전에 백성의 장로들을 불러 하나님께서 자기에게 명하신 모든 말씀을 이야기한다(출 19:7). 백성은 일제히 응답하여 "야웨의 명하신 대로 우리가 다 행하리라"고 대답한다. 모세는 그 사실을 야웨께 말씀드린다(출 19:8). 이에 대하여 저자는 "하나님께서는 "너희가 전혀 그것을 준행할 수 없음을 알아야 한다. 그러므로 아주 완전한 율법을 너희에게 줄 터이니 지킬 수 있을는지 해봐라"고 하셨습니다. 이렇게 이스라엘 백성이 하나님의 은혜를 거절하고 그들 자신이 행할 수 있고 지킬 수 있다고 하자마자 야웨 하나님의 태도는 달라지셨습니다"라고 평한다(36쪽).

이는 언약에 대한 몰이해의 결과이다. 언약이란 그 당대에 아주 일상적인 개념으로서 상호동맹이다. 국가 간에, 어떤 집단 간에, 개인 간에 아주 자연스럽게 이루어지던 양식이었다. 언약 관계는 언약의 상호 당사자가 그 언약의 내용을 충실히 지킬 것이라고 할 때에 성립된다. 언약의 조항에 대하여 어느 한쪽이라도 지키지 못하겠다고 하면 언약은 성립되지 않는 것이다.

모세의 말에 대한 이스라엘의 반응은 그들에게 너무도 익숙한 상호 동맹으로서의 언약의 한 당사자로서 당연한 것이다. 자신들을 이집트에서 나오게 하시고 이집트 군의 위협 앞에 놓였을 때에 홍해를 건너게 하셨다. 시내 산에 이르기까지 크게 은혜를 베푸셨다. 그 하나님과의 언약 관계를 놓칠 수가 없어서 "우리가 다 행하리이다"라고 대답하였다. 그렇게 대답하지 않으면 언약 관계가 성립되지 않기 때문이다. 이스라엘이 "우리가 다 행하리이다"라고 한 것은 은혜 때문이었는데, 저자는 은혜를 저버렸기 때문이라고 하고 있다. 언약에 대한 몰이해로 인하여 율법 수여의 배경을 오해하였다. 그것이 율법 이해의 기초로 작용하여 이루어진 연구이기에 잘못된 율법론이 나올 수밖에 없는 것이다.

율법 수여의 배경과 관련하여 출애굽기19장만 보면 안 된다. 모세는 그 이후에 하나님께 나아가 율법을 받아서 이스라엘에게 전한다. 하나님께로부터 들은 모든 말씀 곧 율법을 가감 없이 전하고 이스라엘은 한 목소리로 그 모든 말씀을 지키겠다고 대답한다(출 24:3). 만약 19장의 이스라엘의 행동이 잘못된 것이라면 하나님에 의해서나 모세에 의해서 그것이 잘못된 태도라고 가르쳐졌을 것이다. 하나님께서는 끝까지 돌이키지 않고 악을 행할 때에는 내버려두시지만 처음에 잘못한 것을 가지고 그 이전의 뜻을 돌이키지 않으신다. 그리고 하나님께 대한 잘못된 태도가 지속되도록 방치하지 않으신다. 만약 출애굽기19장의 이스라엘의 행동이 잘못된 것이었다면 출애굽기24장에서 그러한 잘못된 행동이 반복되지 않도록 역사하셨을 것이다. 하나님은 자비하시고 인애가 무궁하신 분이시기 때문이다. 율법 수여의 배경에 대한 디한의 이해는 하나님을 잘못 생각해도 한참 잘못 생각한 것이다.

율법 수여의 배경에 대한 저자의 생각은 성경 전체에 나타난 또 다른 가르침에도 위배된다. 성경은 아비의 신 포도를 먹었다고 자식의 이가 시리게 되지 않는다고 말씀한다(렘 31:29). 만약 시내 산의 이스라엘이 잘못된 장담(?)을 하여 저자가 말하는 이유로 율법이 수여되었다면 그 다음 세대에는 다시 물어 그들도 동일하게 장담(?)할 때에 율법이 계승되어야 한다. 이스라엘의 지난 잘못을 그 다음 세대들이 자동적으로 짊어져야 한다는 것은 성경의 가르침과 다르다. 성경의 하나님을 부인하는 것이다. 하나님은 결코 그러한 방식으로 역사하지 않으신다.

3. 율법과 은혜에 대한 잘못된 대조

저자는 율법과 은혜를 극명하게 대조시킨다(109쪽). 여기에서 율법은 하나님께서 모세를 통하여 옛 언약의 백성들에게 주신 계명이다. 은혜는 하나님 아버지께서 예수 그리스도로 말미암아 성령을 통하여 새 언약의 백성에게 베푸신 역사와 말씀이다. 곧 복음이다.

① 율법은 우리가 하나님께 나아오는 것을 금하고 있는 데 반하여, 은혜는 우리를 현재의 상태 그대로 나아오라고 초대하고 있다.

② 율법은 죄인을 정죄하나 은혜는 우리를 구속하신다.

③ 율법은 "이것을 행하라"고 명하나 은혜는 "이것은 이루었다"고 말한다.

④ 율법은 "노력하라"고 말하나 은혜는 "다 마쳤다"고 말한다.

⑤ 율법은 죄인을 저주하나 은혜는 믿는 자를 축복한다.

⑥ 율법은 죄인을 죽이나 은혜는 구원한다.

⑦ 율법은 하나님 앞에서 모든 입을 막지만 은혜는 모든 입으로 하나님을 찬양하게 한다.

⑧ 율법은 가장 선한 사람도 정죄하지만 은혜는 가장 악한 사람도 구원한다.

⑨ 율법은 "빚을 갚으라"고 말하나 은혜는 "지불되었다"고 말한다.

⑩ 율법은 "죄의 삯은 사망"이라고 말하지만 은혜는 "하나님의 은사는 영생이라"고 말한다.

⑪ 율법은 "죄 짓는 영혼은 죽을 것이다"라고 하지만 은혜는 "믿으면 살리라"고 말한다.

⑫ 율법은 사람의 죄를 드러내나 은혜는 그 죄를 속량한다.

⑬ 율법은 죄를 깨닫게 하나 은혜는 죄로부터 구원해준다.

⑭ 율법은 모세로 말미암아 주어진 것이지만 은혜와 진리는 예수 그리스도로 말미암아 온 것이다.

⑮ 율법은 복종을 요구하지만 은혜는 순종하는 능력을 준다.

⑯ 율법은 돌에 새겨졌으나 은혜는 마음에 기록되었다.

⑰ 율법은 그리스도로 말미암아 사라졌지만 은혜는 영원히 존재

한다.

⑱ 율법은 우리를 속박하지만 은혜는 우리를 자유롭게 한다.

⑲ 율법은 두려움을 일으키나 은혜는 화평과 확신을 가져다준다.

그런데 하나님께로부터 주어진 것과 그것을 주신 하나님은 분리되지 않는다. 그렇다면 율법이나 은혜는 그 시대의 하나님이 어떠한 분이신지를 나타내는 방편이라고 할 수 있다. 율법은 이스라엘의 하나님을, 은혜는 신약의 하나님을 나타내고 있다. 저자의 율법과 은혜에 대한 대조에서 율법은 이스라엘의 하나님으로, 은혜는 교회의 하나님으로 대치할 수 있다.

① 이스라엘의 하나님은 우리가 하나님께 나아오는 것을 금하고 있는 데 반하여, 교회의 하나님은 우리를 현재의 상태 그대로 나아오라고 초대하고 있다.

② 이스라엘의 하나님은 죄인을 정죄하나 교회의 하나님은 우리를 구속하신다.

③ 이스라엘의 하나님은 "이것을 행하라"고 명하나 교회의 하나님은 "이것은 이루었다"고 말한다.

④ 이스라엘의 하나님은 "노력하라"고 말하나 교회의 하나님은 "다 마쳤다"고 말한다.

⑤ 이스라엘의 하나님은 죄인을 저주하나 교회의 하나님은 믿는 자를 축복한다.

⑥ 이스라엘의 하나님은 죄인을 죽이나 교회의 하나님은 구원한다.

⑦ 이스라엘의 하나님은 하나님 앞에서 모든 입을 막지만 교회의 하나님은 모든 입으로 하나님을 찬양하게 한다.

⑧ 이스라엘의 하나님은 가장 선한 사람도 정죄하지만 교회의 하나님은 가장 악한 사람도 구원한다.

⑨ 이스라엘의 하나님은 "빚을 갚으라"고 말하나 교회의 하나님은 "지불되었다"고 말한다.

⑩ 이스라엘의 하나님은 "죄의 삯은 사망"이라고 말하지만 교회의 하나님은 "하나님의 은사는 영생이라"고 말한다.

⑪ 이스라엘의 하나님은 "죄 짓는 영혼은 죽을 것이다"라고 하지만 교회의 하나님은 "믿으면 살리라"고 말한다.

⑫ 이스라엘의 하나님은 사람의 죄를 드러내나 교회의 하나님은 그 죄를 속량한다.

⑬ 이스라엘의 하나님은 죄를 깨닫게 하나 교회의 하나님은 죄로부터 구원해준다.

⑭ 이스라엘의 하나님은 복종을 요구하지만 교회의 하나님은 순종하는 능력을 준다.

⑮ 이스라엘의 하나님은 우리를 속박하지만 교회의 하나님은 우리를 자유롭게 한다.

⑯ 이스라엘의 하나님은 두려움을 일으키나 교회의 하나님은 화평과 확신을 가져다준다.

율법과 은혜를 저자와 같이 대조시키면 이스라엘의 하나님 곧 구약의 하나님과 교회의 하나님 곧 신약의 하나님은 완전히 다른 하나님이 되어버린다. 이는 교회 역사에서 존재했었고 그 이후 시대에도 정도의 차이가 있을 뿐 계속 존재해 온 말시온의 아류라고 말할 수밖에 없다. 말시온은 구약의 하나님은 진노와 질투와 멸망시키시는 하나님이고 신약의 하나님은 사랑과 은혜의 하나님이라고 주장하였던 교회의 이단이다. 이스라엘의 하나님과 교회의 하나님은 동일하신 분이다. 다만 언약의 경륜에 있어서 차이가 있었던 것일 뿐이다. 독생자 하나님이 육신을 입으시기 이전과 그 이후의 경륜에 있어서 차이가 있었던 것일 뿐이다.

성경은 저자가 말하는 방식과 같이 율법과 은혜를 대조시키고 있지 않다. "우리가 다 그의 충만한 데서 받으니 은혜 위에 은혜러라 율법은 모세로 말미암아 주어진 것이요 은혜와 진리는 예수 그리스도로 말미암아 온 것이라"(요 1:16~17). 본문은 모세를 통해 주어진 율법이 은혜가 아니라고 말씀하고 있지 않다. 문장 구조를 보면 모세로 말미암아 주어진 율법은 은혜이고 예수 그리스도께서 완전하게 하신 은혜와 진리는 은혜 위에 은혜라고 말씀하고 있다. 율법은 은혜이다. 은혜와는 전혀 상관없는 정죄의 방편이 아니다. 이는 구약성경에서 지속적으로 율법을 예찬하는 것에서도 확인된다.

또한 그러한 대조는 예수님의 말씀과도 정면으로 대치된다. 예수님께서는 율법과 선지자의 대 강령이 하나님 사랑, 자기 몸을 사랑하는 것과 같은 이웃 사랑이라고 말씀하셨다. 율법을 압축하면 하나님 사랑, 이웃 사랑이다. 율법의 각 조항은 하나님 사랑, 이웃 사랑이 구체적으로 표현된 것이다. 디한이 설명하는 방식의 율법, 은혜와 완전히 대조되는 율법은 결코 하나님 사랑, 이웃 사랑으로 압축될 수가 없다. 그래서 그는 율법에 대하여 그렇게 장황하게 말하면서도 단 한번도 율법에 대한 예수님의 평가를 언급하지 않는 것이다. 언급할 수가 없었다고 할 것이다. 율법과 은혜에 대한 대조는 성경의 가르침과는 전혀 무관한 저자의 생각일 뿐이다.

4. 율법이란 무엇인가?

율법에 대한 성경의 진술을 정확하게 이해할 필요가 있다. 구약 성경에서 율법의 의미는 다양하다. 613개의 조항으로 이루어진 옛 언약 백성들의 삶의 법칙, 모세 오경 때로는 구약 성경 전체를 나타내는 표현이기도 하다. 이에 대해 디한도 동의하며, 율법을 십계명으로 한정하는 것은 적절하지 않다고 한다(17쪽). 그런데 디한은 율법과 함께 주어진 장막은 율법이 아닌 생명을 주는 법으로 이야기한다(167쪽). 율법이 계명으로 한정되지 않는다고 한 자신의 주장을 스스로 뒤집는 것이다. 장막은 율법과 다른 법이 아니라 그 또한 율법에 해당하는 것이다. 장막에서 이루어진 일이 제사인데, 그 제사에 관한 법이 율법의 의식법이다. 장막은 율법과는 달리 생명을 주는 법이라고 하고 그 장막에서 실제로 이루어진 일에 관한 의식법은 율법이라고 말하는 것은 잘못된 것이다. 장막도 율법의 한 부분일 뿐이다.

신학적으로는 율법을 도덕법, 시민법, 의식법으로 구분하여 설명을 하고 있다. 그렇지만 성경은 그러한 구분을 하고 있지 않다. 율법의 어떤 부분에 대해 설명을 하지만 신학적인 구분을 문자적으로 지지하는 내용은 없다. 성경에서 율법은 표현 그대로 율법을 뜻한다. 율법이라는 단어가 어떤 곳에서는 도덕법을 가리키고 다른 어떤 곳에서는 의식법을 가리키는 경우는 없다. 언제나 전체적이다. 히브리서의 경우는 의식법으로 분류되는 율법의 한 내용을 다룬 것이다. 시민법, 도덕법은 예외라고 이야기하고 있는 것이 아니다.

신학적인 관점에서 도덕법은 모든 사람들이 지켜야 할 규범이라고 할 수 있다. 십계명이 여기에 해당된다. 시민법은 이스라엘이 다른 국가들과는 달리 언약의 백성으로서 가지게 되는 독특함을 드러내는 것이다. 눈에는 눈, 이에는 이가 여기에 해당된다. 의식법은 어떤 필요에 따라 짐승을 잡아 의식을 행하는 것과 연관된 규범이다. 번제, 소제, 화목제, 속죄제, 속건제 등이 여기에 해당된다. 의식법에는 언약의 백성들이 죄를 범한 경우에 하나님께 나아갈 수 있도록 죄를 사하여주시는 길이 포함되어 있다.

5. 옛 언약의 한 부분

율법은 시내 산 언약의 한 부분이다. 시내 산 언약의 핵심이다. 시내 산 언약이란 하나님께서 이스라엘을 이집트의 종살이에서 해방시키시고 시내 산 앞에서 그들과 맺은 언약을 가리킨다. 율법은 천사들로 말미암아 모세를 통하여 하나님의 옛 언약의 백성에게 주어진 계명이다(갈 3:19). 율법은 이집트에서 나온 후에 하나님께서 이스라엘에게 주신 계명이다. 이집트에서 나오는 조건은 아니었다. 이집트에서 나오는 것은 불가항력적인 부르심을 통한 하나님의 구원을 가리킨다. 오직 하나님의 전적인 역사로 행하시는 하나님의 구원을 가리킨다. 그리고 그 이후에 홍해를 건너는 사건은 하나님의 구원을 경험한 이들에게 주어지는 세례였다(고전 10:2). 이집트에서 나오는 것은 신약 시대에 죄로 죽었던 인생을 하나님께서 불가항력적인 은혜로 부르시고 구원하시는 것에 대한 예표이다. 예수 그리스도께서 홀로 십자가에서 피를 쏟으시고 그 피를 값으로 죄에서 구원받도록 하시는 것에 대한 예표이다. 예수 그리스도를 통하여 구원얻는 이들에게는 하나님의 구원의 외형적인 표로서 세례가 베풀어지게 된다. 예표란 예표하는 것과 질적으로 차이가 있으면 성립되지 않고 차이가 없을 때에 성립된다. 출애굽의 구원과 홍해 건넘은 예수 그리스도이 십자가를 통한 구원과 세례와 질적인 차이가 없다. 동일한 하나님의 구원이다.

　　율법은 불가항력적인 부르심을 받은 백성들에게 하나님과 계속적으로 교제하는 방편이었다. 하나님의 선택을 받은 백성들이 온전한 하나님의 백성으로 세움을 입는 길이었다(출 19:5~6).

6. 죄와 사망의 법을 이기는 방편

율법은 옛 언약의 백성들, 우상 숭배의 죄와 이집트인의 압제에서
고통당하는 자리에서 구원받은 이스라엘 백성들이 죄와 사망의 법을
이기는 방편이었다. 그 당대에 율법을 지킨다는 것은 죄와 사망의 법
을 허물고 하나님 나라를 드러내며 확장하는 방편이었다. 이스라엘이
하나님의 말씀을 잘 듣고 하나님의 언약을 지키면 열국 중에서 하나님
의 소유가 되고 제사장 나라가 되며 거룩한 백성이 된다. 결코 이루어
질 수 없는 공허한 선언이 아니다. 율법은 이스라엘이 생활에서 죄와
사망의 법에서 벗어나 하나님과의 회복된 관계를 누리는 방편이다. 은
혜인 것이다.

죄와 사망의 법이란 그 아래에 있는 것이 죄이며 결국에는 사망에
이르게 하는 법이라는 뜻이다. 죄와 사망의 법의 구체적인 내용은 네
가지로 생각할 수 있다(롬 1:18~32). 하나님을 저버림, 진리를 거짓 것
으로 대체함, 순리를 버리고 역리를 따름, 구체적인 여러 윤리적인 범
죄들이다.[6]

인간이 다 지켜서 구원을 얻을 수 없고 죄를 알게 하는 율법을 죄
와 사망의 법으로 연결시키는 경우도 있다. 그렇다면 율법 아래 있으
면 죄이고 결국에는 사망에 이르게 된다는 말이 된다. 하나님께서 이
스라엘에게 율법을 주시며 지키라고 말씀하신 것은 이스라엘이 죄 가

---

6) 여기에 대해서는 『닫힌 성경 열기』, 51~53쪽에서 상세하게 설명하였다.

운데서 죽게 하기 위함이었다는 것이 된다. 율법을 지키면 죄이고 결국에는 사망에 이르게 되는 것이 아니다. 반대로 율법을 받은 이스라엘이 그 법을 지키지 않는 것이 죄이고 결국에는 사망에 이르게 되는 것이다. 죄와 사망의 법과 율법은 아무런 상관이 없다.

이스라엘은 자신들의 연약함으로 인해 율법으로는 죄와 사망의 법을 이기지 못하였다. 율법이 은혜이었지만 강력함에 있어서 미약한 은혜였던 것이다. 옛 언약의 백성인 이스라엘은 죄와 사망의 법으로 끌려가는 자신에 대해 죄 용서를 받는 것이 가능하였지만 제사 의식을 행해야 했다. 그뿐 아니라 외부에서 주어지는 능력은 없고 스스로 돌이키고 죄와 사망의 법을 이겨야 했다. 그렇지만 이스라엘은 연약하여서 율법 아래에서 죄와 사망의 법을 이기지 못하였다.

율법의 각 조항은 하나님 사랑, 이웃 사랑이 구체적으로 표현된 것이지만 완전하지는 못하였다. 연약한 인생이 그 율법의 사랑을 온전히 실천하며 죄와 사망의 법에서 자유할 수는 없었다.

7. 유대인에게만 초등교사

율법은 초등교사이다(갈 3:24). 율법으로는 연약한 이스라엘을 죄와 사망의 법에서 해방시키지 못하였기에 유대인들은 죄와 사망의 법에서 해방시킬 하나님의 역사를 바라게 된다. 율법은 죄와 사망의 법에서 해방시키는 메시야와 그분의 율법을 바라보게 하는 방편이었다.

초등교사로서 율법에 대한 바울 사도의 진술(갈 3:23~29)은 많은 경우에 오해되고 있다. 바울 사도는 그 진술에서 주어를 구별하여 사용하고 있다. 우리와 너희이다. 너희는 바울 사도의 편지를 받는 갈라디아 교회를 가리킨다. 이방인 그리스도인들이다. 우리는 유대인 그리스도인들이다. 여기에는 유대인들도 내포되어 있다. 초등교사는 너희와는 아무런 상관이 없고 우리와만 상관이 있다. 이방인 그리스도인과는 아무런 상관이 없고 유대인과만 상관이 있다. 이 부분에 대해서는 디한이 매우 잘 밝혀놓았다.

예수 그리스도 안에서 하나님의 자녀가 되어서 계속적으로 예수 그리스도께로 인도하는 초등교사가 아니다. 예수 그리스도 안에서 하나님의 자녀가 되면 더 이상 초등교사 아래 있지 않다. 율법은 옛 언약의 백성들 곧 유대인들이 예수 그리스도께로 나아가게 하는 초등교사이다. 율법은 약속하신 자손이 오시기까지만 있을 것이었다(갈 3:19). 비록 죄를 죄라고 밝히고 죄 사함의 길이 내포되어 있지만 여전히 죄와 사망의 법에서 인생을 해방시킬 능력은 완전하지 못하여 하나님의 역사를 바라보게 하는 초등교사이다. 아예 율법 아래 있지도 않았던 이방인에게는 율법이 초등교사의 역할을 하지도 못한다. 그리고 거듭난 이방인들에게는 초등교사 자체가 필요치 않다(갈 3:25~26). 율법은 옛 언약의 백성들에게 주어진 하나님의 은혜로서 하나님과의 사귐을 즐기면서 구원자를 바라게 하는 은혜의 방편이었다.

8. 한시적 은혜

율법이 옛 언약의 백성들에게 주어진 하나님의 은혜이지만 그 백
성들의 연약함 안에서 죄와 사망의 법에서 온전히 해방시키지는 못하
였다. 때가 차매 하나님께서는 독생자를 사람으로 이 땅에 보내신다.
예수님이다. 예수님은 율법을 완전하게 하시기 위해 오셨다고 말씀하
셨다(마 5:17). 예수님의 말씀은 십자가에서 죽으시고 부활하심으로
성취되었다. 그렇다면 율법과 관련하여 두 가지를 생각할 수 있다. 율
법과 완전하게 된 율법이다. 완전하게 되기 이전의 율법과 완전하게
된 율법이다. 율법은 이전 제품이고 완전하게 된 율법은 신제품이라고
할 수 있다. 또 다시 개발될 여지가 있는 신제품이 아니라 완벽한 신제
품이다.

신제품이 출시되면 이전 제품은 자연히 퇴장하게 된다. 완전하게
되기 이전의 율법은 완전하게 된 율법이 모습을 드러내면 자연히 퇴장
하여야 한다. 비록 율법이 은혜이지만 시간적으로 제한을 가지고 있는
은혜였다. 예수님은 율법과 선지자가 세례 요한의 때까지라고 분명하
게 선을 그었다(눅 16:16). 세례 요한은 옛 언약의 마지막 선지자이다.
율법과 선지자는 옛 언약 시대에 한해서 하나님께서 나타내신 은혜이
었던 것이다. 율법의 어떤 부분만 요한의 때까지인 것이 아니라 모든
율법이 요한의 때까지만 이다.

새 언약의 중보자이신 예수님께서는 십자가 죽으심과 부활을 통
하여 율법을 완전하게 하시고 율법을 폐하셨다. 예수님은 율법을 폐하

심으로 유대인과 이방인을 가르는 담을 허무셨다. 그리하여 유대인과 이방인이 예수 그리스도 안에서 한 새 사람 곧 교회를 이루어 평화를 이루셨다. "그리스도께서는 ~ 법조문으로 된 계명의 율법을 폐하셨으니"(엡 2:15상). 법조문으로 된 계명의 율법은 구약의 율법 전부이다. 도덕법이 제외되지 않는다.

예수님은 율법이 천지가 없어지기 전에는 일점일획도 반드시 없어지지 않으리라(마 5:17)고 말씀하셨다. 동시에 율법이 요한의 때까지라고 말씀하셨다. 문자적으로는 모순이라고 생각된다. 천지가 물리적인 우주라면 모순이다. 물리적인 우주는 없어지지 않았는데, 요한의 때는 이미 지나갔기 때문이다. 전자는 천지가 없어지면 율법도 없어진다는 의미가 담겨 있다. 여기에서 천지는 언약의 세계에 대한 관용어이다. 예수님께서 말씀하시고 있는 그 시점에서 언약의 세계에 대한 관용적인 표현이다. 그 시점은 옛 언약의 시대이기에 천지는 옛 언약의 세계를 뜻한다. 옛 언약이 유효할 때까지는 일점일획도 없어지지 않는다는 의미이다. 옛 언약이 없어지면 율법이 폐해진다. 율법은 옛 언약의 한 부분이기 때문이다. 요한의 때까지라고 할 때에 그 의미도 옛 언약의 때까지이다.

"또 내가 새 하늘과 새 땅을 보니 처음 하늘과 처음 땅이 없어졌고 바다도 다시 있지 않더라"(계 21:1). 이 말씀은 하늘에서 내려오는 거룩한 도성 새 예루살렘(계 21:2)과 연결되어 있다. 새 하늘과 새 땅이란 새 언약의 온전한 도래를 가리키는 관용어구이다. 새 하늘과 새 땅 이전의 하늘과 땅은 옛 언약의 세계를 뜻한다. 옛 언약과 새 언약이 겹쳐 있는 기간에서 옛 언약이 완전히 폐하여지면 이전 하늘과 땅은 없어지는 것이다. 새 하늘과 새 땅만이 남게 된다. 이 말씀은 예루살렘 멸망과 돌성전 파괴를 통하여 옛 언약을 완전히 폐하시는 것을 가리킨다. 거룩한 도성 새 예루살렘은 옛 언약이 완전히 폐하여진 이후의 교회를 가리킨다. 하늘 영광으로 가득한 영광스러운 교회를 뜻한다. 그렇게 처음 하늘과 처음 땅이 없어지기 이전에는 율법이 유대인들과 유대인 그리스도인들에게 유효하였지만 그 이후부터는 유효하지 않다. 유대인 그리스도인이라는 구분 자체가 사라지게 된다. 모두가 그리스도인일 뿐이다. 이방인 그리스도인들은 애초에 율법이 유효하지 않았다.

바울 사도가 예루살렘에 갔을 때에 예루살렘 교회의 수장이었던 야고보는 특이한 제안을 한다. 유대인 그리스도인들 중에 서원한 네 사람이 있는데 함께 결례를 행하고 그들을 위하여 비용을 내어 머리를 깎게 하라는 것이다(행 21:24). 그런 제안을 하게 된 배경은 바울 사도에 대한 부정적인 생각이 유대인 그리스도인들에게 만연했기 때문이다. 바울 사도가 이방에 있는 모든 유대인들에게 모세를 배반하고 아들들에게 할례를 행하지 말고 또 관습을 지키지 말라고 한다는 것을 들었다는 것이다. 이는 율법에 열성을 가진 모든 유대인 그리스도인들(행 21:20)에게는 치명적이었다. 그들의 생각은, 바울 사도가 이방인 그리스도인들에게 가르친 내용을 유대인 그리스도인들에게 말한 것이라고 오해한 결과이다.

물론 바울 사도는 율법에 대해 자유를 누리고 있었다. 옛 언약의 관점에서는 율법 아래 있고 새 언약의 관점에서는 율법 아래 있지 않았다. 유대인을 얻기 위해서는 율법 있는 자와 같이 되었고 이방인을 얻기 위해서는 율법 없는 자와 같이 되었다(고전 9:20~21). 자신에 대한 얘기가 사실이 아니고 자신도 율법을 지켜 행하는 줄을 알려주자고 하는 야고보의 제안을 기꺼이 받아들인다. 유대인이라도 그리스도인이 되면 율법에서 자유할 수 있었는데 예루살렘의 유대인 그리스도인들은 그렇지 못했던 것이다.

그 결례에는 제사 드리는 것이 포함되어 있었음에도(행 21:26) 그는 시행하였다. 율법에 대해 이방인 그리스도인들에게 가르쳤던 바와 완전히 상반되는 행동인데도 그가 기꺼이 시행한 이유는 유대인 그리스도인들에게는 여전히 율법이 유효하였기 때문이다. 옛 언약이 파기되지 않은 시점이기에 율법이 유대인 그리스도인들에게 여전히 유효하였던 것이다. 바울 사도는 유대인이기에 율법이 유효한 시점에서 율법 준수를 기꺼이 받아들일 수 있었다.

그 이전의 예루살렘 공의회(사도행전15장)에서도 유대인들의 율법 준수가 확인된다. 그 공의회에서의 의제는 이방인 그리스도인들에게 율법 준수를 요구할 수 있는가였다. 유대인 그리스도인들이 율법을 준수하는 것은 지극히 당연하여 의제가 되지도 않았다. 바리새파 중의 어떤 믿는 사람들은 이방인 그리스도인들에게 할례를 행하고 모세의 율법을 지키게 하는 것이 마땅하다고 주장하였다(행 15:5). 자신들이 그렇게 살고 있기에 이방인 그리스도인들에게도 그것을 요구하는 것이 마땅하는 생각이다. 이에 대해 많은 변론이 있은 후의 결론은 이방인 그리스도인들에게 율법 준수를 요구하는 것이 마땅하지 않다는 것이었다(행 15:10, 19). 유대인 그리스도인들의 율법 준수에 대해서는 아무런 언급이 없다. 아무런 문제가 되지 않는다고 생각하였기 때문이다. 이처럼 율법 준수에 있어서 유대인 그리스도인들과 이방인 그리스도인들 간에 차이가 있었다.

물론 옛 언약이 공적으로 파기되면 유대인 그리스도인들이라도 율법을 준수하려고 해서는 안 된다. 히브리서에서 이야기하고 있는 주된 내용이다. 히브리서는 옛 언약이 파기될 때가 가까웠음을 안 저자가 유대인 그리스도인들을 준비시키기 위해 쓴 것이다. 옛 언약이 파기된 이후에는 율법을 지키려고 해서는 안 된다는 사실을 새 언약의 예수님이 탁월함과 비교하여 진술한 것이다. 그 시점은 예루살렘 멸망과 돌 성전 파괴가 이루어진 주후 70년이다. 율법은 그때까지만 유효하였다. 유대인들에게도 그때까지만 한시적으로 유효한 은혜이었다.

9. 영원한 구원과 멸망의 갈림길

율법은 불가항력적인 은혜로 주어진 부르심을 누리는 방편이면서 동시에 그것은 맡겨진 사명을 감당하는 길이었다. 제사장 나라로서의 사명을 감당하는 길이었다. 이스라엘을 제사장 나라로 세우시고 그들에게 제사장 나라로서 온전할 수 있는 길을 제시하심은 하나님의 은혜이다. 그러한 은혜를 헛되이 받을 때에는 율법의 내용을 따른 하나님의 행하심이 뒤따른다. 율법 넓게는 옛 언약의 내용에는 순종을 통하여 누리는 복과 불순종으로 인하여 당하는 심판이 함께 주어져 있었다(신명기28장). 언약에 신실하신 하나님은 이미 제시하신 언약을 따라 행하신다. 율법은 구원받은 옛 언약의 백성이 하나님과 교제하는 방편이면서 그들 앞에 놓인 영원한 구원을 위한 조건이었다. 예수님과 같이 완전하게 지켜야만 조건을 충족시키는 것은 아니지만 조건인 것만은 변함없는 사실이다. 이 사실은 옛 언약의 백성들이 너무도 분명하게 잘 이해하고 있었다. 선지자들을 통하여 계속적으로 되풀이하여 들려졌던 하나님의 말씀이기도 하였다.

예수님께서는 복음서 어디에서도 이 부분이 잘못되었다고 책망하신 적이 없다. 이 부분을 거부하신 적이 없다. 당시의 바리새인들과 서기관들의 문제는 율법을 변경시키고 장로들의 가르침을 율법보다 앞세운 것이었다. 율법을 (영원한) 구원의 조건으로 보는 것이 아니었다. 율법은 구원을 누리는 방편이면서 동시에 (영원한) 구원의 조건이었다. 신명기28장은 그 사실을 아주 분명하게 밝히고 있다. 선지자들도 그 말씀에 근거하여 지속적으로 같은 내용을 전달하였다.

오늘날의 교회가 이 부분에 있어서 오해가 적지 않다. 율법을 완전히 지켜야 영원한 구원을 받는다고 생각하는 경향이 있다. 예수님처럼 율법을 지켜야 영원한 구원을 받는다고 생각한다. 만약에 그러한 생각이 옳다면 예수님 이전에 그 누구도 영원한 구원을 받지 못하였다고 보아야 한다. 모세, 여호수아, 다윗 왕 그리고 많은 선지자들도 예외가 아니다. 그 누구도 예수님만큼 율법을 지킨 사람은 없기 때문이다.

이러한 생각은 야고보 장로의 진술을 오해한 결과이다. 율법의 한 가지를 어기면 모든 율법을 어긴 것이 된다는 부분이다(약 2:10). 야고보 장로의 진술과 같이 율법의 한 가지를 범하면 모든 율법을 범한 것이 된다. 그렇게 되면 제사를 통하여 하나님께 용서를 받아야 한다. 바르게 제사하면 용서받는다. 야고보 장로의 진술은 율법의 한 가지를 어기면 심판을 받게 된다는 의미가 아니다. 영원한 구원을 받지 못하게 된다는 의미도 아니다. 그냥 문자로서 이야기된 그대로를 가리킬 뿐이다. 율법은 각 조항이 유기적으로 연결되어 있으며 하나님께서는 한 조항을 어길 때에 모든 조항을 어긴 것으로 보신다는 것이다.

구약 성경에는 그 사람의 전 생애에 대해 하나님께서 의롭다고 선언하시는 왕들이 있다. 다윗 왕을 그 본으로 하여서 의롭다고 선언된 왕들이다. 그들이 율법을 완전히 지켰기에 그러한 선언이 주어진 것은 아니다. 그 생애에서 여러 모양으로 잘못을 범하였지만 하나님께서 그 생애에 대해 의롭다고 선언하셨다.

어느 정도이어야만 하는가에 대해서는 알려지지 않았다. 그 정도에 대한 기준은 하나님께서 가지고 계시며 언약의 자녀들에게 적용하신다. 그렇지만 하나님께서는 의로우셔서 그 판정에 있어서도 결코 부당하지 않다. 불의하다는 판정과 의롭다는 판정에 있어서 객관적으로 부당하다고 말할 수 있는 경우는 없다. 그러므로 하나님을 현재적으로 의지하면서 하나님께서 제시하신 율법을 따라 살아가기만 하면 되었다.

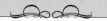

3장
완전하게 된 율법

3장
완전하게 된 율법

1. 자유롭게 하는 온전한 율법

야고보 장로는 자유롭게 하는 온전한 율법이라는 표현을 하면서 교회가 지켜야 한다고 하였다(약 1:25). "자유롭게 하는", "온전한"이라는 수식어가 붙은 율법이 가리키는 바가 무엇일까? 만약에 옛 언약의 율법을 가리킨다면 성경 전체적으로 율법에 대한 설명은 모순이 된다. 예수님과 바울 사도의 진술과 다르다. 반면에 예수님에 의해 완전하게 된 율법을 가리킨다면 모순이 아니다. 옛 언약의 백성들에게 주어진 삶의 법칙인 율법과 달리 새 언약의 백성들에게 주어진 삶의 법칙으로 완전하게 된 율법이 있다는 증언이 된다.

"자유롭게 하는"이라는 표현에서 자유는 신약 성경에서 죄 또는 사망과 관련된 단어이다. 개역 성경에서는 해방이라고 표현되기도 한다(롬 8:2). 바울 사도가 생명의 성령의 법이 죄와 사망의 법에서 교회를 해방시킨다고 할 때와 같다. 야고보 장로가 이야기하는 율법은 죄와 사망의 법에서 교회를 해방시키는 율법이다. "온전한"이라는 표현은 예수님에 의해 완전하게 되어야 했던 옛 언약의 율법과 대조되는 것이다. 예수님으로 말미암는 새 언약이 드러나자 옛 언약의 율법은 온전하지 못하였다는 것이 밝혀졌다. 옛 언약 아래 있던 옛 언약의 백성들에게는 아무런 부족함이 없었지만 새 언약과 비교될 때에는 부족함이 있는 삶의 법칙이었다. 온전한 율법은 예수님에 의해 완전하게 된 율법이다. 그러므로 자유롭게 하는 온전한 율법이란 옛 언약의 율법을 가리키지 않는다. 새 언약의 율법을 가리킨다.

새 언약의 율법이라는 표현은 오늘날의 교회에게 너무나 생소하다. 새 언약이 율법과는 그 어떤 연관 관계도 없다는 인식을 가지고 있다. 새 언약과 율법이 연결되면 잘못된 것이라는 의식으로 팽배하다. 생소할 뿐만 아니라 거부되고 있는 실정이다. 여기에는 디한과 같은 방식의 율법 이해가 아주 강력하게 힘을 발휘하고 있다. 그렇지만 이는 성경의 가르침에 대한 바른 이해와는 동떨어진 것이다. 성령의 법(롬 8:2)이라고 할 때에 법으로 번역된 헬라어는 노모스이다. 노모스는 율법, 법, 법칙 등의 뜻을 가지고 있다. 그렇다면 노모스를 법으로 번역할 수도 있고 율법으로 번역할 수도 있다. 그런데 로마서에서 노모스는 일관되게 율법으로 번역되고 있기에 성령의 율법으로 번역하는 것이 더 적절하다. 그리스도의 법(갈 6:2)도 마찬가지이다. 그리스도와 율법이 연결될 수 없다는 생각으로 인해 법으로 번역하였다. 율법으로 번역함이 갈라디아서에서의 노모스 용례에 비추어 더 적절하다. 갈라디아서에서도 노모스는 율법으로 번역되었다. 그리스도에 의해 완전하게 된 율법을 가리킨다. 곧 자유롭게 하는 온전한 율법, 자유의 율법, 성령의 (율)법, 그리스도의 (율)법은 표현의 차이가 있을 뿐이지 모두 같은 뜻이다.

성령의 율법은 예수 그리스도로 말미암아 성령님을 통하여 새 언약의 교회에게 주어진 새 언약의 율법이다. 예수님께서 전 인격과 전 삶에서 율법을 완성하시고 그 안에서 이전의 은혜의 방편인 율법과는 다른 차원의 은혜를 드러내신다. 그것은 은혜 위의 은혜로서 율법의 모든 내용을 포괄하고 율법의 모든 내용이 녹아 있는 것이다. 주 예수 그리스도의 인격과 삶 그리고 그분으로부터 새 언약의 백성들에게 주어지는 예수 그리스도의 율법이다. 예수 그리스도께서 하나님을 사랑하신 것과 같이 하나님을 사랑하고 예수 그리스도께서 우리를 사랑하신 것과 같이 서로를 사랑하는 것이다. 율법의 하나님 사랑, 이웃- 자기 몸같이- 사랑이 완전하게 되었다.

예수 그리스도의 율법은 새 계명 곧 사랑의 율법이다. 사랑의 율법이란 포괄적인 선언이고 그 안에는 구체적인 내용들이 있다. 형제에게 노하지 않고 라가라 하지 않지 않으며 미련한 놈이라고 하지 않는 것이다. 이성에 대하여 음욕을 품지 않으며[7] 헛맹세를 하지 않는 것이

---

7) 음욕이란 예쁜 여자를 보고 예쁘다고 생각하거나 섹시한 여자를 보고 섹시하다고 생각하는 것을 뜻하지 않는다. 거기에서 더 나아가서 그녀와 육체적 관계를 맺고 싶다고 생각하며 그러한 생각으로 자신을 채우는 것이다. 예쁘다거나 섹시하다는 생각 자체는 하나님께로부터 주어지는 지극히 당연하고 건전한 것일 뿐이다.

다. 악한 자를 대적하지 않고 희생하며 원수를 사랑하며 핍박하는 자를 위하여 기도하는 것이다. 이 외에도 신약 성경에 기록되어 있는 교회에게 주어진 명령들은 모두 사랑의 율법의 내용이다. 성령의 율법의 내용이다.

성령의 율법은 율법을 완전하게 한 것이다. 성령의 율법은 의식법을 완전하게 한 것으로서 예수 그리스도의 인격과 사역을 통한 죄 사함과 그분을 말미암아 성령님을 통한 하나님과의 화목 그리고 교제이다. 시민법을 완전하게 한 것으로서 예수 그리스도의 몸인 교회가 세상과 다른 원리를 추구함으로 교회의 정체성을 드러내는 것이다. 눈에는 눈, 이에는 이가 아니다. 오른뺨을 치는 악한 자에게 왼뺨을 돌려댄다. 속옷을 가지고자 하는 자에게 겉옷까지도 가지게 한다. 억지로 오 리를 가게 하면 십 리를 동행한다. 도덕법을 완전하게 한 것으로 인간들이 양심으로 느끼고 있는 수준을 뛰어넘어 하나님을 드러내게 하는 심화된 도덕법이다. 잘못된 성적 결합을 거부함은 당연하고 이성에 대해 음욕을 품지도 않는 것이다.

율법과 달리 성령의 율법은 죄와 사망의 법에서 해방된 새 언약의 백성들이 죄와 사망의 법 아래로 끌어가려는 자신안의 한 법을 이기는 능력이었다. 그것은 은혜 위에 은혜이었다. 성령님께서 부어져서 선물로 주어지고 그 분이 자신의 율법을 사용하여 새 언약의 백성을 다스린다. 순종하면 죄와 사망의 법에서 현재적으로도 해방된다.

로마서7장의 바울 사도의 고백은 거듭나기 이전이 아니라 거듭난 이후이다. 그리고 8장에서 기록된 선언은 단순히 과거에 이루어진 사실만을 가리키지 않고 현재적으로 열매를 맺는 것을 포함한다. 그리스도인으로서 죄와 사망의 법으로 끌려가는 자신을 본다면 자신 안에서 역사하시는 성령님과 그분의 율법을 의식하고 그 아래로 나아가면 된다. 나아가야 한다. 자신을 쳐서 복종하게 하고 자기 십자가를 져야 한다. 스스로에 대하여 죽은 자로서 자신을 성령님께 내어드리는 것이다. 죄 사함과 성령님의 능력으로 죄와 사망의 법에서 현재적으로 해방을 누리게 된다. 이는 예수 그리스도 안에서 십자가에서 주어졌던 죄와 사망의 법에서의 해방을 지속적으로 누리는 것이다.

야고보 장로가 자유롭게 하는 온전한 율법을 교회가 지켜야 한다고 말씀한 것도 동일한 맥락이다. 즉 현재적으로 죄 용서를 얻으며 교회의 정체성을 드러내고 심화된 노덕법 준수로 하나님을 드러내어야 한다는 것이다.

거듭남은 성령의 율법을 통하여 이루어지는 하나님의 역사가 아니다. 하늘에서 성령님께서 그 기쁘신 뜻을 따라 그리스도 예수 안에서 창세전에 예정하시고 택하신 이들에게 행하시는 역사이다. 성령의 율법은 그렇게 거듭나게 하신 성령님께서 그에게 선물로 주어져서 그를 다스리시는 방편이다. 그 다스림을 받으면 다르게 말하면 성령의 율법을 준수하면 죄와 사망의 법에서 현재적으로 해방된다. "하나님께로부터 난 자마다 죄를 짓지 아니하나니 이는 하나님의 씨가 그의 속에 거함이요 그도 범죄하지 못하는 것은 하나님께로부터 났음이라"(요일 3:9)라는 요한 사도의 가르침도 동일한 내용이다.

예수 그리스도께서는 십자가와 부활을 통하여 율법을 완전하게 하시고 그렇게 완전하게 된 율법 곧 성령의 율법을 세우셨다. 성령의 율법은 죄와 사망의 법에서 해방되는 유일한 길로서 자유롭게 하는 율법이다. 예수 그리스도께서는 완전하게 되기 이전의 율법 자체는 폐하셨다. 성령의 율법을 교회에게 주셨다. 신약 성경 시대의 이방인 그리스도인들과 오늘날의 교회에게는 생명을 주시는 성령의 율법만이 유효하다.

2. 도덕법은 오늘날 유효한가?

개혁주의에서는 율법 중에서 의식법과 시민법은 오늘날의 교회에 유효하지 않지만 도덕법의 경우에는 여전히 유효하다고 주장한다. 이는 성령의 율법에 대한 이해가 결여되어 있기에 나타나는 주장이다. 교회라고 하더라도 삶의 법칙은 있어야 한다는 생각이 도덕법 준수로 나타났다. 예수님의 말씀을 오해한 결과이기도 하다. 예수님은 율법과 새 언약의 법을 대조하셨는데, 율법과 율법의 정신에 대한 설명으로 오해한 것이다. "옛 사람에게 말한 바"(마 5:21, 27, 33, 38, 43)는 율법이고 "나는 너희에게 이르노니"(마 5:22, 28, 34, 39, 44)는 새 언약의 법이다. 예수님께서 완전하게 하신 율법이다. "나는 너희에게 말하노니" 이후의 내용은 율법의 정신에 대한 가르침이 아니라 새 언약의 (율)법이다.

도덕법과 성령의 율법은 다르다. 성령의 율법은 도덕법을 포함하여 율법 전체를 완전하게 하여 연약한 인생을 죄와 사망의 법에서 해방시키는 새 언약의 법이다. 예수 그리스도의 십자가와 부활을 통하여 믿는 자에게 선물로 주어지는 성령님께서 믿는 자를 다스리는 방편이다. 도덕법은 성령의 율법에 녹아 있다. 성령의 율법에서 도덕법을 따로 구분하여서 다시 꺼낼 수는 없다. 꺼내려고 해서도 안된다.

도덕법과 성령의 율법은 같지 않다. 이를 확인하기는 그렇게 어렵지 않다. 율법 아래에서 옛 언약의 백성이 이성에게 음욕을 품었다면 그것이 간음하지 말라는 율법을 범한 것인가, 아닌가를 살피면 확인이 되는 사안이다. 만약 범한 것이라면 그 사람은 속죄제를 통하여 죄 용서를 받아야 했다. 구약 시대에 음욕을 품은 것이 죄로 정하여지고 죄 용서를 위하여 속죄제를 드릴 것이 요구되었는가? 구약 성경 어디에서도 그렇게 말할 수 있는 근거는 없다. 새 언약의 백성에게는 음욕을 품는 것이 간음하지 말라는 하나님의 말씀을 어긴 것이지만 옛 언약의 백성에게는 어긴 것이 아니다.

오늘날의 교회에게 있어서는 도덕법이라고 할지라도 유효하지 않다. 법적인 구속력이 없다. 그대로 지켜야 하는 구속력이 없다. 율법은 오늘날 교회가 지켜야 하는 구속력을 가지고 있지 않다. 다만 율법을 통하여 이전 계시에 나타난 하나님과 그분의 사랑을 되새길 수 있다. 교회에게 주어진 예수 그리스도의 인격과 사역을 재확인할 수 있다. 죄를 확인하게 된다. 유용하다. 율법은 교회에게 삶의 지혜가 된다고 할 수 있다. 오직 성령의 율법만이 유효하다. 성령의 율법은 율법을 완전하게 한 것으로 신약 성경에서 교회에게 지키기를 요구되고 있는 하나님의 모든 말씀이다. "그러므로"로 시작되는 신약 성경의 삶의 원리는 죄와 사망의 법에서 해방되도록 하는 성령의 율법의 내용이다.

3. 완전하게 된 십계명

십계명은 율법에서 가장 두드러진 부분 곧 율법의 정화라고 할 수 있다. 많은 경우에 율법의 다른 부분과는 차별을 두고서 특별하게 취급한다. 율법이 폐지되었다면 십계명도 폐지되었다는 것이기에 문제가 발생한다고 생각하는 경향이 있다. 하나님만을 섬기라는 계명이 폐지되어 다원주의를 용인하게 된다고 생각한다. 그렇지만 이는 잘못된 생각이다. 십계명이 완전하게 되었고 그렇게 완전하게 된 십계명은 여전히 유효하기 때문이다. 완전하게 된 십계명에 대해 성경이 따로 언급하고 있지는 않지만 충분히 구성할 수 있다.

1계명은 삼위이시며 한 분이신 하나님만이 계시게 하라는 것이다. 2계명은 삼위이시며 한 분이신 하나님에 관한 어떤 형상을 만들지 말고 그것들에게 절하지 말고 섬기지 말라는 것이다. 3계명은 삼위이시며 한 분이신 하나님의 이름을 망령되어 일컫지 말라는 것이다. 4계명은 완전하게 된 안식일인 주일을 거룩히 지킴으로 기억하라는 것이다.

준수의 방식에 있어서 율법에서와 같지 않다. 초대교회에서 안식 후 첫날에 예배가 이루어졌다. 예배와 떡을 뗀다는 표현은 동의어이다. 드로아 교회의 경우에 오전이 아니라 저녁에 시작되었다고 보아야 한다. 드로아 교회의 예배 때에 바울 사도의 설교가 밤중까지 계속되었다(행 20:7). 오전부터 밤중까지 계속되었다고 볼 수는 없다. 저녁에 시작된 이유는 노예들이 낮에는 일을 하여야 했기 때문이다. 일 자체에 대하여 금지하는 율법과는 준수 방식이 달랐던 것이다. 예수 그리스도의 십자가와 부활로 모든 날이 구속되었다. 어떤 날이 더 귀하고 다른 날은 덜하지 않다. 모든 날이 동등하다. 그런 중에 한 날에 이방인 교회가 예배하였다. 안식 후 첫날 곧 오늘날의 일요일에 예배하였다. 다른 날과 다른 방식으로 하나님과의 사귐을 누렸다. 일 자체가 금지되었던 구약의 안식일과 달리 일을 하면서도 가능한 시간에 함께 예배하였다.

5계명은 예수 그리스도 안에서 부모를 공경하라는 것이다. 6계명은 형제에게 노하거나 라가라 하거나 미련한 놈이라는 것을 포함하여 살인하지 말라는 것이다. 7계명은 음욕을 품는 것을 포함하여 간음하지 말라는 것이다. 8계명은 자기 손으로 빌어 다른 이를 돕는 것을 포함하여 도적질하지 말라는 것이다. 9계명은 예수 그리스도 안에서 이웃에 대해 거짓 증거하지 말라는 것이다. 10계명은 예수 그리스도 안에서 탐내지 말라는 것이다.

완전하게 된 율법의 대강령은 예수님께서 하나님을 사랑하신 것과 같이 하나님을 사랑하고 예수님께서 우리를 사랑하신 것과 같이 서로 사랑하는 것이다. 완전하게 된 십계명도 마찬가지이다. 완전하게 된 십계명은 예수 그리스도로 인하여 이루어진 것이며 그 준수도 예수 그리스도 안에서 가능하다. 그분이 온전한 본이 되신다.

4. 율법의 교육적 기능(?)

칼뱅의 주장을 따라 오늘날 교회에서 율법의 교육적 기능이 이야기되고 있다. 율법에서 도덕법에 대해서는 오늘날의 교회에게 여전히 유효하다는 주장이다.

산상수훈의 "옛 사람에게 말한 바~"와 "나는 너희에게 이르노니~"라는 예수님의 어법에서 전자는 율법이고 후자는 예수님께서 완전하게 하시는 율법이다. 그런데 일반적으로 후자를 율법의 정신이라고 생각한다. 율법 자체에 담겨 있는 바를 예수님께서 밝히셨다고 생각하는 것이다. 후자를 전자의 연장선상에서 보는 것이다. 전자와 후자는 확연하게 분리되는 것인데도 말이다. 이는 구약 시대에 후자를 범하였다고 해서 범죄하였다고 보지 않는 데서 확인된다. 범죄하였다면 제사를 통하여 죄 용서를 받아야 한다. 후자를 범하였다고 해서 제사를 통하여 사함을 받아야 하는 것은 아니었다. 만약에 율법 자체에 담겨 있는 정신이었다면 후자를 범한 경우에 율법 자체를 범한 것이 되어 제사를 통하여 사함을 받아야 했을 것이다.

율법의 교육적 기능이란 율법과 완전하게 된 율법의 관계를 제대로 파악하지 못하였기 때문에 나타난 잘못된 주장이다. 율법은 예수님께서 십자가를 통하여 완전하게 하셨고 그렇기에 폐하신 하나님의 은혜이다. 율법의 어떤 부분만이 아니라 율법의 모든 내용이 여기에 해당된다. 도덕법이라고 하더라도 예외가 아니다. 십계명이라고 하더라도 마찬가지이다.

그런데 율법의 교육적 기능에서 실질적으로 이야기되는 내용은 완전하게 된 율법이다. 예수님의 교훈을 따라 음욕을 품는 것이 간음이며 음욕을 품지도 않아야 한다고 가르치는 것이다. 오늘날의 교회에게 유효하다고 이야기되는 도덕법의 내용이 그와 같다. 율법의 정신이라고 이야기되는데, 실제로는 완전하게 된 율법이다.

어쨌든지 간에 율법은 그 어떤 내용으로든지 오늘날 유효하지 않다. 율법 전부가 폐해졌다. 율법 폐기론이다. 율법의 교육적 기능이라는 주장은 이런 면에서 잘못된 것이다. 그렇지만 율법이 폐기되었다는 것이 곧 무율법주의를 의미하지는 않는다. 예수님께서 완전하게 하신 율법은 여전히 오늘날의 교회에게 유효하다는 것을 인정하기 때문이다. 옛 언약의 율법은 폐하여졌고 새 언약의 율법 곧 예수님께서 완전하게 하신 율법을 지켜야 한다는 것이다. 그러므로 율법의 교육적 기능이라고 말하지 말고 완전하게 된 율법 준수라고 말하는 것이 적절하다.

5. 영원한 구원과 멸망의 갈림길

율법은 옛 언약의 한 부분이며 완전하게 된 율법은 예수님께서 완전하게 하신 새 언약의 한 부분이다. 양자는 모두 언약이 가진 성격을 그대로 담고 있다. 율법과 마찬가지로 완전하게 된 율법도 영원한 구원과 멸망의 갈림길의 역할을 한다.

예수님은 새 언약의 백성의 의가 서기관과 바리새인보다 더 낮지 못하면 결코 천국에 들어가지 못하리라(마 5:20)고 말씀하셨다. 앞에서 살핀 바와 같이 완전하게 된 율법은 율법보다 그 내용이 훨씬 강화되었다. 사람을 직접 죽이지 않더라도 미워하며 조롱하고 배척하는 행위도 살인으로 간주된다. 서기관과 바리새인은 세리를 미워하며 조롱하고 배척하였지만 살인죄에 해당되지 않았다. 제사를 통하여 사함을 받아야 하는 것이 아니었다. 그들의 행위는 살인하지 말라는 조항에 있어서는 의로웠다. 반면에 새 언약의 백성인 교회는 사람을 실제로 죽이지 않을 뿐만 아니라 형제를 미워하며 조롱하고 배척하지도 않아야 한다. 서기관과 바리새인보다 더 나은 의다.

만약에 신자가 사람을 실제로 죽이지는 않지만 형제를 미워하며 조롱하고 배척한다면 어떻게 되는가? 그는 하나님 앞에서 살인자이다. 그렇게 평생을 살인자로 살면 어떻게 되는가? 예수님의 말씀에 의하면 결코 천국에 들어가지 못한다. 서기관과 바리새인의 의보다 더 낮지 않기 때문이다. 서기관과 바리새인의 의의 수준에 머물러 있었기 때문이다. 회개하여야 천국에 들어갈 수 있다. 그러한 삶의 태도를 버리고 예수님의 가르침을 따라 형제를 사랑하여야 한다. 예수님께서 농담을 한 것이 아니라면 이는 너무나 분명한 진리이다.

율법과 같이 완전하게 된 율법도 영원한 구원과 멸망의 갈림길이다. 오늘날의 교회에 그 어떤 행위도 영원한 구원과는 아무런 상관이 없다는 의식이 팽배해 있는데, 완전히 잘못된 것이다. 성경에서 말씀하고 있는 '믿음으로 구원'이나 '구원은 오직 은혜로'를 잘못 읽었기 때문에 나타난 장로들의 유전이다. 예수님은 산상수훈의 마지막 부분에서 하나님의 뜻[8]을 행하는 자라야 천국에 들어가리라(마 7:21)고 말씀하셨다. 여기에서 하나님의 뜻은 문맥에 의하면 산상수훈에서 언급된 삶의 원리이다. 새 언약의 백성인 교회가 따라야 할 삶의 원리가 예수님이 말씀한 하나님의 뜻이다. 곧 완전하게 된 율법이 하나님의 뜻이다. 완전하게 된 율법을 행해야 천국에 들어가게 된다.

어느 정도이어야 하는가는 언급되어 있지 않다. 이 땅에 사는 동안 지속적으로 완전하게 된 율법 준수에 더 온전해지는 것이 요구될 뿐이다. 그 요구에 바르게 부응하면 부응할수록 더 그 인격과 삶이 온전해지고 생명으로 풍성해진다. 선 줄로 생각하는 신자라고 하더라도 넘어질까 조심하며 지속적으로 성숙해지는 것이 중요하다.

6. 다른 복음

다른 복음은 이상한 복음이나 변질된 복음을 뜻하지 않는다. 사도

---

8) 어떤 이들은 하나님 아버지의 뜻이 예수님을 그리스도로 믿는 것이라고 말한다. 하나님의 보내신 자를 믿는 것이 하나님의 일이라는 말씀(요 6:29)과 본문의 하나님의 뜻은 별개이다. 그뿐 아니라 예수님을 주님이라고 한다는 것이 곧 예수님을 그리스도로 믿고 있다는 것이기에 그렇게 풀면 말 자체가 성립되지를 않는다. 주님이라고 하는 자마다 천국에 들어가는 것이 아니라 예수님을 그리스도로 믿는 자라야 천국에 들어간다는 것이 되기 때문이다. 성경에서는 누군가가 이 땅에 살면서 예수님을 주님이라고 한다면 그가 예수님을 그리스도로 영접하였다는 것을 전제하고 있다. 예수님을 그리스도로 받아들인 사람이 그분을 주님이라고 부르는 것이다. 예수님이 그리스도가 아닌 사람은 결코 그분을 주님이라고 부르지 않는다.

들이 전한 복음과는 다른 내용의 복음을 뜻한다. 복음은 복음이되 사도적 복음과는 내용에 있어서 차이가 있는 복음이 다른 복음이다. 예수님이 그리스도로 제시되고 그분을 주님으로 받아들이기에 복음이다. 그렇지만 주님이신 예수님을 따름에 있어서 사도들이 전한 바와는 다른 내용을 제시하였기에 다른 복음이다.

다른 복음을 바르게 이해하기 위해서는 앞에서 언급한 언약에 대한 깊은 이해가 필요하다. 바울 사도 당대에 하나님의 언약의 백성은 두 부류였다. 한 부류는 옛 언약의 백성으로서 유대인들이고 다른 한 부류는 새 언약의 백성으로서 교회이다. 교회에는 옛 언약의 백성으로 새 언약의 백성이 된 유대인과 언약과 아무런 관계가 없다가 새 언약의 백성이 된 이방인들로 구성되어 있었다. 하나님께서 아직 옛 언약과의 완전한 단절을 행하지 않았기에 옛 언약과 새 언약이 공존하는 시대이다. 이 시기는 예루살렘을 멸망시키시고 돌성전을 파괴하심으로 옛 언약과의 완전한 단절을 행하시는 때인 주후 70년까지이다. 이 시기가 신약 성경이 쓰였던 시대의 배경으로 자리 잡고 있다.

초대교회가 가지고 있었던 교회 내부의 문제의 핵심은 어떤 유대인 교사들이 자신들에게 허용되고 있었던 율법 준수를 이방인 그리스도인들에게도 동일하게 요구한 것이었다. 사도행전15장의 예루살렘 공의회의 내용은 이방인 그리스도인들에게 율법 준수를 요구하는 것에 관한 문제이다. 공의회의 출발은 할례 문제이지만 그 내용은 할례 문제로 국한되지 않는다. "이방인에게 할례 주고 모세의 율법을 지키라 명하는 것이 마땅하다"(행 15:5)는 바리새파 중에서 믿는 신자들의 말에서 확인된다. 할례와 율법 준수 모두에 관한 사안이다.

복음이 이방인에게 전파되고 많은 이방인들이 성령 하나님의 역사 안에서 복음을 받아들였다. 예수님을 그리스도로 영접하였다. 예수님을 그리스도로 믿어 단절된 하나님과의 관계가 회복되고 하나님의 자녀가 되었다. 이방인 그리스도인 앞에는 어떻게 살아야 하는가의 문제가 놓였다. 예수님과의 관계를 바르게 누리는 삶이 무엇인가의 문제이다. 그에 대한 유대인 교사들의 대답이 율법 준수였다. 제사 등의 의식도 지켜야 한다고 했는가는 알 수 없다. 아마도 그것들을 제외하고 도덕에 해당되는 내용들을 지켜야 한다고 했을 가능성이 크다. 도적질하지 말라는 계명을 지켜야 한다는 식이다. 유대인 교사들로서는 지극히 당연한 가르침이고 이방인 그리스도인들로서도 거부할 이유가 없는 것이었다. 로마서와 갈라디아서의 내용이 이와 관련된 것이다.

그런데 야고보 장로가 낸 예루살렘 공의회의 결론은 달랐다. "그러므로 내 의견에는 이방인 중에서 하나님께로 돌아오는 자들을 괴롭게 말고 다만 우상의 더러운 것과 음행과 목매어 죽인 것과 피를 멀리하라고 편지하는 것이 가하니"(행 15:19~20). 대상이 이방인으로 한정되어 있다. 야고보 장로는 후에 예루살렘에서 바울 사도를 만나서 "유대인 중에 믿는 자 수만명이 있으니 다 율법에 열성적이다"(행 21:20)고 말하였다. 유대인 그리스도인들은 적극적으로 율법을 준수하였다. 그들에게는 율법 준수가 아무런 문제가 되지 않기 때문이다. 반면에 이방인 그리스도인들에게는 율법 준수를 요구하지 않아야 한다고 결론을 내었다. 할례 주고 율법을 지키라고 하는 것이 이방인 그리스도인들을 괴롭히는 것이라고 하였다. 도덕법만이 아니라 의식을 준수하는 것도 요구하였다고 여겨지는 대목이다. 어떤 날을 다른 날보다 더 중히 여기며 특별한 방식으로 지내야 한다는 식의 요구가 있었던 것으로 추정할 수 있다.

어떤 유대인 교사들의 가르침이 왜 문제가 되는 것인가? 지금 유대인 그리스도인들이 지키고 있는 것을 이방인 그리스도인들에게 지킬 것을 요구하는 것일 뿐인데, 왜 문제가 될까? 그것은 하나님의 언약의 시계추를 그들 임의로 되돌리려는 것이기 때문이다. 유대인 그리스도인들에게 있어서 율법 준수는 하나님께서 일시적으로 허용하신 것이다. 언약의 시계추는 새 언약으로 이동하였고 유대인 그리스도인들의 충격을 완화시키는 하나님의 배려였다. 이제 그 언약의 시계추는 새 언약 만으로의 시대로 진전하고 있는 중이다. 이처럼 하나님께서 진전시키신 언약의 시계추를 임의로 되돌리려는 것이 바로 다른 복음이다. 십자가와 부활을 통하여 율법을 온전하게 하신 예수님의 구속사역을 훼손하는 것이다. 천사에 의해서든지, 사람에 의해서든지 그것은 하나님의 저주를 받을 것이다(갈 1:9). 스스로를 하나님보다 더 높이려는 참람함이기 때문이다.

갈라디아서의 다른 복음은 할례를 행하라, 할례를 행해야 구원을 얻는다는 주장에 한정되지 않는다. 이방인 그리스도인들에 율법을 지켜라, 율법을 지켜야 구원을 얻는다는 주장을 가리킨다. 때로 구원과 무관하게 율법 준수를 요구하면 다른 복음에 해당되지 않는 것처럼 말하기도 하는데, 잘못된 것이다. 구원과 연결시키든지 연결시키지 않든지 간에 이방인 그리스도인들에게 율법을 지키라고 하는 것 자체가 다른 복음이다.

로마서와 갈라디아서에서 비판하는 행위는 이방인 그리스도인들이 율법을 준수하는 것이다. 양 서신에서 긍정하는 믿음은 이방인 그리스도인들에게 주어진 삶의 원리를 따르는 것이다. 곧 그것을 주신 하나님을 의지하는 것이다. 믿음이다. 생명을 주시는 성령의 율법을 따르는 것이다. 그리스도의 율법을 성취하는 것이다. 자유롭게 하는 온전한 율법을 지키는 것이다. 곧 순종이다. 이 경우에 믿음과 순종은 동전의 양면이다.

7. 현대 교회의 다른 복음

오늘날의 교회에게도 이는 매우 중요하다. 복음이라는 이름으로 다른 복음을 말할 수도 있기 때문이다. 이방인이었던 우리에게 예수 그리스도의 십자가와 성령님을 부어주시는 하나님의 구속 역사가 하나님의 은혜로 주어졌다. 세상에 속하여 세상 풍속을 좇고 공중 권세 잡은 자의 지배를 받으며 자기 욕심을 따라 살던 이들을 하나님 나라로 옮기신 것이다. 그 나라는 먹는 것과 마시는 것이 아니라 오직 성령 안에서 의와 평강과 희락이다(롬 14:17). 그런데 교회에서 십자가에 의해 포장되어져 있으나 여전히 구약에 근거하여 이 땅에서의 물질적인 부유함을 추구하는 모습을 볼 수 있다. 순종하면 물질적이고 현세적인 복을 받는다면서 구약적인 인과율을 아무런 비판 없이 교회에 적용하는 것이다. 이는 율법 준수와 율법 준수를 통한 복이라는 차이는 있지만 유대인 교사들의 잘못된 가르침과 동일한 뿌리라고 하겠다.

옛 언약의 시대에 하나님께서 순종과 물질적인 부유함을 인과율에 두심은 이유가 있었다. 옛 언약의 백성이 하나님의 궁극적인 약속인 메시야를 온전히 바라보도록 하시기 위함이었다. 눈에 보이는 물질적인 부유함으로 인해 눈에 보이지 않는 하나님과 그분의 약속을 신뢰하도록 하시기 위함인 것이다. 물질적인 부유함을 사용하여 구약적인 하나님과의 사귐이 이루어지도록 하시는 것이다.

그런데 약속된 메시야가 오셨다. 독생자 하나님께서 사람들의 구원을 위하여 사람으로 오셨다. 독생하신 하나님께서 사람이 되신 것이다. 그리고 그분이 사람의 죄 문제를 해결하시고 하나님과 새로운 차원의 사귐이 가능토록 하셨다. 하나님과 영광스럽고 풍성한 사귐. 이는 구약적인 사귐과는 비교할 수 없이 깊고 풍성하며 놀라운 것이다. 눈에 보이는 것에 의해 좌우되지 않는 사귐이며 눈에 보이는 것을 초월하는 사귐이다. 그래서 옛 언약에서와 같이 물질적인 부유함을 사용하실 필요가 없게 되었다. 십자가와 부활을 통하여 물질적 부유함을 온전하게 하신 예수 그리스도로 충분하다. 물질적 부유함을 추가하려고 해서는 안 된다.

영혼이 잘되면 육신이 잘되고 범사가 잘된다는 삼박자 축복은 구약에서는 실재였다. 신명기28장에서 확인할 수 있는 바와 같이 율법을 준수하면 물질적 부유함이 보장된다. 순종과 물질적 부유함이 인과율의 관계였다. 그렇지만 신약에서는 아니다. 새 언약에서는 순종과 하나님과 영광스럽고 풍성한 사귐이 인과율의 관계이다. 순종을 통해 성령 하나님 안에서 의와 평강과 희락을 누리는 것이다. 순종으로 인해 물질적 부유함을 경험할 수 있다. 동시에 순종으로 인해 가난하게 될 수 있다. 초대교회의 유대인 그리스도인들은 하나님께 순종함으로 인해 유대인들에게 따돌림을 당하고 상업에서 제외되어 가난하였다. 얼마 후에는 순종함으로 인해 핍박을 당하고 순교당하기도 하였다. 그렇지만 그들은 그런 중에도 하나님과의 깊은 사귐으로 기뻐하고 감사함으로 그 어려움을 감당하였다. 오늘날도 성경적 원리를 바르게 이해하고 따르면 이 사회에서 따돌림을 당하고 수입에 큰 제약을 받을 수 있다. 세상적인 원리에 타협하지 않음으로 인해 핍박을 당할 수도 있다. 그럼에도 성령 하나님 안에서 의와 평강과 희락을 누릴 수 있다. 삼박자 축복은 새 언약에서의 가르침이 아니라 옛 언약에서의 가르침이다. 그 가르침을 추구하는 것은 초대교회 때에 옛 언약의 율법을 지키려고 하는 것과 원리에 있어서 차이가 없다. 다른 복음인 것이다.

4장
십일조에 대한 성경적 평가

4장
십일조에 대한 성경적 평가

1. 구약에서의 십일조

구약에서의 십일조는 크게 두 부분으로 나누어진나. 아브라함이 한 십일조와 율법의 십일조이다. 계시의 점진성에 따라 율법의 십일조는 아브라함의 십일조보다 더 진전된 것이다. 더 진전된 계시의 내용을 정당하게 살피면 그 이전의 계시의 내용은 포함되어 있다. 율법의 십일조는 땅을 기업을 받지 못한 레위인들과 고아와 과부 등의 가난한 지체들의 생활을 위하여 요구되었다.

율법에서의 십일조는 의무였고 그 의무를 잘 지키면 하나님께서 물질적인 복을 부어주셨다. 율법 시대에 이스라엘이 율법을 잘 지키면 부강하게 되고 다른 이웃 나라들을 통치하며 하나님을 증거하게 되는 것과 같다. 하나님께서는 눈에 보이는 물질을 사용하셔서 언약의 하나님과 언약에 제시된 약속을 그의 백성들이 신뢰하도록 하셨다. 반면에 십일조를 하지 않으면 그에 상응하는 저주를 받는다. 율법을 지키지 않을 때에 그에 상응하는 심판이 뒤따르는 것이다. 구약 성경에서 십일조와 함께 제시된 물질적인 부유함의 복이나 심판 선언은 모두 문자적으로 사실이다. 그러므로 말라기의 문맥 등을 제시하면서 십일조를 통한 물질적인 축복(말 3:8~12)을 약화시키려고 하는 것은 잘못이다.

십일조 반대론자들은 흔히 말라기에서의 십일조와 물질적인 축복을 분리시키거나 거부하려고 한다. 문맥을 잘 살펴야 하는 것은 옳다. 그렇지만 그 결과가 그 구절의 문자를 뒤집는 것이 되면 잘못이다. 바른 해석은 그 구절의 문자를 바르게 밝히는 것이다. 바른 해석은 결코 구절 자체의 내용과 상반되지 않는다. 그 안에 담긴 의미를 바르게 밝히는 것과 표면적인 내용이 상반되지 않는다.

말라기서에서의 십일조 강조를 거부하여야 할 이유가 없다. 그것이 오늘날의 십일조를 지지하는 것은 아니기 때문이다. 율법의 한 부분으로서의 십일조 강조는 율법 시대에는 지극히 당연하다. 지금은 율법 시대가 아니다. 복음 시대이다. 이는 예수님에 의해 완전하게 된 율법 시대라는 말이기도 하다. 십일조는 예수 그리스도 안에서 온전하게 되었다. 그분은 십자가와 부활을 통하여 십일조를 온전하게 하셨다. 그것을 신약 성경에서 찾아 강조하면 된다. 십일조를 온전하게 한 결과가 십일조라면 당연히 신약의 교회가 십일조를 하여야 한다. 반면에 십일조가 아니라면 십일조를 요구하여서는 안 된다. 아무리 좋은 의도를 가지고 있더라도 말이다.

초대교회 때에 이방인 그리스도인들에게 율법을 지켜야 한다고 한 것은 좋은 의도인 면이 있었다. 그리스도인으로 어떻게 살아야 하는가에 대한 대답이라는 면에서는 말이다. 그렇지만 그것은 언약 시대의 변화와 함께 뒤따르는 하나님의 뜻을 오해한 것이었다. 다른 복음으로 정죄되었다. 십일조도 다르지 않다. 아무리 좋은 의도로 준수하여야 한다고 하더라도 언약 시대의 변화와 함께 뒤따르는 하나님의 뜻을 오해한 것이라면 다른 복음에 해당된다.

2. 신약에서의 십일조

신약에서의 십일조는 바리새인이 기도할 때에 언급되었다(눅 18:12). 바리새인이 하나님 앞에서 스스로 의롭다고 말하는 내용의 한 부분이다. 예수님 당대에 바리새인이 십일조를 하는 것은 율법을 지키는 것이다. 하나님께서 의롭다고 보신다. 물론 모든 소득이 하나님의 도우심 안에서 주어진 것이라는 겸손에서 벗어나 자기 자랑이라면 불의하다. 바리새인은 율법을 지켰지만 그 중심이 하나님 앞에서 옳지 않았다. 예수님께 불의하다는 평가를 받았다(눅 18:14). 바리새인의 기도에서 언급된 십일조는 율법 준수의 의무가 있는 옛 언약의 백성이 마땅히 행하여야 할 바이었다.

예수님께서도 십일조를 언급하셨다. 언급하신 정도가 아니라 십일조를 강조하셨다(마 23:23, 눅 11:42). 율법을 완성하시고 새 언약의 시대를 여시기 위하여 오신 예수님은 현재적으로 율법 아래 있으면서 그 율법을 준행하셨다. 십일조 준수는 그 한 내용이다. 성경에 예수님께서 십일조를 하셨다는 기록은 없지만 공생애 이전에는 십일조를 하셨다고 보아야 할 것이다. 예수님은 율법을 온전히 준수하셔서 율법에 있어서도 흠이 없으신 분이시기 때문이다.

예수님께서 십일조를 강조하신 문맥을 살펴야 한다. 예수님께서는 율법학자들과 바리새파 사람들을 책망하시면서 십일조를 언급하셨다(마 23:23). 바리새인의 기도에서 언급된 바와 같이 그들이 율법의 십일조를 한다고 자랑스러워함에 대한 책망이 그 문맥이다. 그들이 박하와 회향과 근채의 십일조는 드리면서 정의와 자비와 신의와 같은 율법의 더 중요한 요소들을 버렸다고 책망하신다. 예수님은 율법의 십일조를 하면서 더 중요한 요소를 버리지 말아야 한다고 말씀하신다. 의와 인과 신을 강조하신다.

어떤 이들은 예수님이 십일조를 하여야 한다고 한 것은 아니라고 주장하지만 문맥과 문법은 그렇게 말할 여지가 없다. 예수님이 십일조를 하라고 말씀하셨음은 너무나 분명하다. 다만 누구에게 어떤 의도로 그렇게 말씀하셨는가를 바르게 알아야 한다. 일차적으로 율법학자들과 바리새파 사람들을 대상으로 한 말씀이다. 그리고 그곳의 청중들이다. 그들은 모두 율법 아래에 있으면서 율법의 한 조항인 십일조의 의무가 있는 사람들이다. 예수님은 율법을 지킬 의무가 있는 사람들이 율법의 조항을 그 조항에 담긴 정신과 함께 실천하여야 한다고 말씀하신 것이다. 말라기의 십일조 강조와 동일한 맥락이다. 율법을 지켜야 할 의무가 있는 사람들이 그 대상이다.

중요한 점은 신약의 교회가 율법을 지킬 의무를 가지고 있는가이다. 십일조에 있어서는 "율법의 십일조가 오늘날의 교회에게 유효한가?"라는 사실이다. 예수님께서는 십자가에서 율법을 완성하셨다. 예수님께서 십자가에 달려 죽으시고 삼일 만에 부활하시고 승천하셔서 성령님을 신자들에게 부어주셨다. 옛 언약의 백성으로 새 언약의 백성이 된 유대인들에게는 율법 준수가 한정적으로 허용되었다. 율법이 중심인 옛 언약의 시대가 공적으로 끝나지 않았기 때문이다. 유대인 그리스도인들은 일정 기간 동안 율법과 복음을 동시에 소유하고 율법과 복음을 동시에 누리게 된다. 예루살렘 교회는 안식일도 지켰다. 그들은 모두 율법에 열성적이었다(행 21:20). 주후 70년 하나님께서 예루살렘을 멸망시키시고 놀 성전은 완전히 파괴하시기까지 그들은 율법과 복음 안에 함께 거하였다. 당연히 그들은 십일조를 하였을 것이다. 땅을 경작하여 소출을 얻는 사람들은 율법의 십일조를 하였을 것이다. 돌성전이 존재하고 있었고 그곳에서 사역하는 레위인들의 물질적 필요를 채워주어야 했기 때문이다.

언약과는 아무런 관계가 없던 이방인으로 새 언약의 백성이 된 경우에는 율법 준수가 아예 요구되지 않았다. 이방인 그리스도인들에게 율법 준수를 요구하는 것은 잘못이었다. 바울 사도는 다른 복음이라면서 그러한 주장을 하는 이는 천사라고 하더라도 저주를 받는다고 선언하였다(갈 1:8). 바울 사도는 여러 가지 조문으로 된 계명의 율법이 유대인과 이방인을 나누는 담이었는데, 예수님께서 폐하셨다고 말하였다(엡 2:15).

유대인 그리스도인들이라도 옛 언약이 완전히 파기되면 율법을 지켜서는 안 되었다. 히브리서의 내용은 옛 언약의 완전한 파기를 앞두고 유대인 그리스도인들을 준비시키는 것이다. 새 언약의 우월성을 밝히고 더 이상 옛 언약을 지키려고 해서는 안 된다는 것이다. 옛 언약을 폐하시기 때문이다. 여기에는 율법이 포함된다. 율법의 어떤 부분만이 아니라 모든 율법이 포함된다. 율법은 옛 언약의 중심적인 것으로서 옛 언약이 폐하여지면 당연히 폐하여진다.

십일조는 율법의 한 조항이다. 율법에서 아주 특별한 조항이 아니다. 다른 모든 조항과 다르지 않은 한 조항일 뿐이다. 율법이 폐해질 때에 십일조도 폐해졌다. 십일조만 예외라고 말할 수 있는 근거는 없다. 십일조 제정의 목적을 살피면 이는 더욱 분명해진다. 십일조는 돌성전 시대에 하나님께서 돌 성전과 관련하여 명하신 율법이다. 십일조의 또 다른 용도가 없는 것은 아니지만 십일조는 돌 성전과 직접적인 관련을 맺고 있다. 돌 성전이 파괴됨은 그것에서 사역하던 레위인이 사라지고 그와 연관된 율법 조항들이 의미를 상실하게 된다는 것이다. 율법을 도덕법, 시민법, 의식법으로 구분하고 도덕법은 오늘날 유효하고 나머지는 폐하여졌다는 개혁주의 가르침에 입각해서 생각할 때에도 십일조는 오늘날 유효하지 않다. 십일조는 도덕법이 아니기 때문이다.

3. 예수님을 따른다?

예수님께서 십일조를 하라고 하셨기에 십일조를 하여야 한다는 것은 많은 문제를 야기한다. 예수님은 안식일을 지키셨다. 예수님께서 십일조를 하라고 하셨기에 하여야 한다고 하면 안식일을 준수하셨기에 안식일을 지켜야 한다는 논리가 성립된다. 만약 예수님께서 행하셨음에도 직접적으로 말씀하신 경우에만 유효하다고 한다면 또 다른 문제가 야기된다. 한국 교회의 새벽기도회는 잘못이다. 예수님께서 이른 새벽 미명에 기도하신 것은 분명한 사실이지만 새벽에 기도하라고 말씀하신 적은 없기 때문이다. 이 외에도 예수님께서 직접 말씀하지 않으신 많은 행동들에 내해서 예수님을 따르지 않아도 된다고 말하는 것이 가능하다.

교회는 성경적인 원리를 토대로 행해야 할 것과 행하지 말아야 할 것을 결정하여야 한다. 십일조와 안식일 준수 그리고 새벽 기도회 등을 함께 생각하면 어떤 원리의 일관성이 없다. 십일조는 예수님께서 지키셨고 지키라고 말씀하셨기에 유효하다고 한다. 안식일 준수는 예수님이 지키셨지만 지키라고 말씀하지는 않았기에 유효하지 않다고 한다. 새벽기도는 예수님이 행하라고 하지 않았음에도 예수님을 본받는 것으로서 유효하다고 한다. 이는 교회가 임의로 취사선택하여 행해야 할 것과 행하지 말아야 할 것을 결정하고 있는 것으로서 명백한 잘못이다.

안식일 준수에 있어서는 주일 성수로의 대체가 명백하다고 반박

할 수 있다. 그렇다. 안식일을 완성하신 예수님께서는 새 언약의 백성에게 안식일의 완성으로서 주일을 주셨다. 초대 교회 시대에 이방인 교회가 안식 후 첫날, 매 주일 첫날에 공적 예배로 모인 것은 그러한 이유 때문이다. 비록 주일을 지켜야 한다는 말씀은 따로 없더라도 언약의 점진성을 따라서 교회가 주일을 지키는 것은 옳다. 안식일의 완성으로서의 주일과 그 날에 초대 교회가 공적으로 예배한 것은 사도들의 가르침임이 분명하다. 그 당대의 시대적 상황으로 인해 오늘날과 같은 주일 성수는 아니었지만 주일을 지키는 것 자체는 사도적인 복음의 한 내용이다. 그러므로 예수님께서 안식일을 지키셨다고 하더라도 그것을 십일조와 연결시켜 십일조가 잘못이라고 말할 수는 없다는 주장이 가능한 것 같다.

그렇지만 아니다. 안식일의 완성으로서의 주일과 주일 성수가 명백한 것과 같이 십일조의 완성도 명백하기 때문이다. 십일조는 땅을 기업으로 받지 못한 레위인들과 가난한 사람들의 생활을 돕기 위한 것이다. 소득의 십분의 일을 자신이 아닌 지체들을 위하여 사용하는 것이다. 그것은 예수 그리스도 안에서 완성되었고 사도들은 완성된 십일조를 교회에게 가르쳤다.

4. 십일조의 완성

바울 사도는 하나님께로부터 주어진 물질을 두 가지 용도로 나누어 말한다. 씨와 먹을 것이다(고후 9:10). 먹을 것은 가족들의 생활을 위하여 사용하는 물질이다. 씨는 의의 열매를 거두기 위하여 사용하는 물질이다. 어려운 지체들과 불신자들을 돕는데 사용하는 물질이다. 먹을 것 이상의 물질은 의의 열매를 거두기 위하여 심어야 한다. 십분의 일이라거나 십분의 이 또는 삼이라는 등의 물질에 비례하는 어떤 기준은 없다. 먹을 것 이상의 물질을 씨로 받아들이고 의의 열매를 거두기 위하여 자원하여 즐거움으로 심는 것이다. 물질 사용과 관련한 서신서의 가르침 전부이다.

서신서에는 십일조에 대한 언급이 전혀 없다. 율법의 십일조가 신약의 교회에게 이어진다면 당연히 언급되어 있어야 한다. 이방인 그리스도인들은 십일조라는 개념 자체가 없었다. 가르쳐야만 되는 상황이다. 그런데도 단 한번의 언급도 없다는 사실은 이방인 그리스도인들에게 가르쳐지지 않았다는 증거이다. 하나님께서 요구하지 않으셨다는 반증이다.

예루살렘 교회의 어려움을 지원하기 위한 요청에서도 십일조가 언급되지 않는다. 그 상황에서 가장 적절한 방식이 십일조이다. 이방인 그리스도인들이 십일조를 걷게 하고 바울 사도가 그것을 가져가면 된다. 가장 확실한 방법이다. 그렇지만 그런 요청은 없다.

바울 사도가 가르친 씨와 먹을 것이라는 원리는 십일조의 완성이다. 성도가 자발적으로 자신의 생활에 필요한 물질을 구분하여 자신과 가족을 위해 사용한다. 자발적으로 다른 사람의 삶에 필요한 부분을 정하여 그들을 위하여 사용한다. 십일조에서와 같이 십분의 일이라는 규정이 없다. 가난하면 전적으로 도움을 받아야 한다. 그들이 소득의 얼마를 내놓아야 할 이유는 없다. 그들에게 내놓아야 한다고 하는 것은 강도질이다. 먹을 것 이상의 물질은 십분의 일일 수도 있지만 십분의 구일 수도 있다. 검소하게 생활하면서 먹을 것 이상의 물질에 대해 의의 열매를 거두기 위해 심는 것이 중요하다.

　예수님께서 율법을 완성하셨음을 말하면서 십일조는 교회에게 문자적으로 적용하는 것은 잘못이다. 안식일의 완성으로서 주일과 주일 성수가 옳은 것과 같이 십일조의 완성으로서 의의 열매를 맺기 위한 씨가 옳은 것이다.

5. 십일조의 정신(?)

　많은 이들이 십일조의 정신을 말하면서 오늘날의 십일조를 정당화하려고 한다. 그들이 이야기하는 십일조의 정신이란 모든 소득이 하나님께로부터 주어졌고 모든 물질이 하나님의 것이라는 것이다. 그렇다. 모든 소득이 하나님께로부터 주어졌고 모든 물질이 하나님의 것이다. 그런데 그러한 정신이 십일조에 국한된 것인가? 오늘날 교회 헌금의 종류는 많다. 너무나 많아서 성도들의 호주머니를 털기 위한 방편인가라는 의심이 들 정도이다. 그 많은 종류의 헌금에서 십일조만 그러한 정신을 담고 있는가? 결코 아니다. 모든 헌금에서 정신을 분리하여 말한다면 그 정신은 같다. 주일헌금, 감사헌금, 선교헌금 등의 모든 헌금은 동일한 정신을 내포하고 있다. 그러므로 그 정신이라는 것이 십일조를 정당화하는 근거가 될 수는 없다.

십일조의 정신이란 하나님께서 주신 소득의 얼마를 자신이 아닌 누군가를 위하여 사용한다는 것이다. 적정한 수준에서 자신과 가족을 위하여 물질을 사용하는 것은 하나님 나라를 구하는 것이다. 자신의 소득의 십분의 일을 어려운 지체들을 위하여 사용하는 것도 하나님 나라를 구하는 것이다. 그런 가운데 소득의 십분의 일이라는 기준을 정하여 하나님 나라를 구하도록 하는 것은 문제가 없는 것 같기도 하다. 소득의 십분의 일도 하나님 나라를 구하는데 내어놓지 않는 신자라면 신앙생활에 문제가 있다는 말이 성립 가능하기 때문이다. 그래서 교회가 십일조의 정신을 살려서 신자에게 물질 사용에 있어서 한 기준을 제시하는 것이 문제가 되지 않는 것처럼 보인다. 그렇지만 이는 전혀 잘못된 논리이다.

먼저 하나님보다 더 지혜롭다고 주장하는 것이 된다. 하나님께서는 우리들보다 신자의 내면과 형편을 더 잘 아신다. 사람의 판단과는 비교되지 않게 정확하게 아신다. 그럼에도 사도들을 통하여 교회에게 물질 사용에 대해 가르치시면서 십일조를 언급하지 않으셨다. 우리는 하나님의 본을 따라야 한다.

또한 신자들의 모습은 다양하다는 사실을 제대로 고려하지 않은 것이다. 실제로 소득의 십분의 일조차도 하나님 나라를 위하여 사용하지 않으려고 하는 신자는 문제가 있다. 그런데 어떤 신자는 십일조를 하고서 그것을 만족하며 그 자리에 머물 수도 있다. 십분의 일 이상을 하나님 나라를 위하여 사용하여야 하는 경우에도 십일조로 충분하다고 생각하는 것이다. 반면에 십일조를 하지 않고도 소득의 십분의 일을 훨씬 넘어서 하나님 나라를 위하여 사용하는 신자도 있다. 많다. 십일조를 하지 않는 유럽 교회의 많은 신자들은 사회 복지와 제 3세계를 돕는 일에 자신들의 소득을 사용하고 있다. 십일조를 하는 한국 교회의 신자들보다 훨씬 비율이 높다. 바나바가 전 재산을 팔아 가난한 지체들을 위하여 사용하도록 한 것(행 4:37)도 동일한 원리이다. 만약 율법의 십일조가 옳다면 바나바가 땅을 파는 것 자체가 불가능하다. 십일조는 하나님께로부터 주어진 기업인 땅을 보존하여야 가능하기 때문이다. 희년의 성취인 예수 그리스도의 부활에 대한 증언을 사도들로부터 듣고 바나바는 땅을 팔 수 있었다. 그 값 전부를 가난한 지체들을 위하여 기꺼이 즐겁게 내어놓을 수 있었다. 십분의 일이 아니라 모두를 내어놓은 것이다.

6. 십일조의 용도

십일조의 정신을 말하면서 십일조의 실제적인 사용은 십일조 제정의 목적과 전혀 다르게 사용하는 것도 문제이다. 가난한 지체들과 불신자들을 위하여 물질을 사용하는 것은 십일조의 정신 그 자체이다. 그런데 십일조의 정신을 말하며 십일조를 하게하고서는 그와는 다르게 사용한다는 것은 말과 행동이 다른 것이다. 말로는 십일조의 정신을 말하면서 행동으로서는 십일조의 정신을 저버리는 처사이다. 한국 교회는 십일조가 교회 재정의 가장 많은 부분을 차지하고 있으며 경상 비로도 사용하고 있다. 구제나 선교를 위하여서는 전체 재정에 비해 너무도 적은 비율을 차지하고 있을 뿐이다. 십일조의 정신이 어떻게 헌금하도록 하는 방편으로만 이용될 수 있는지 의문이다. 십일조를 하지 않는 것이 하나님의 것을 도적질하는 것이 아니다. 십일조라는 이름으로 헌금하게 하고서는 성경의 십일조 용도와 다르게 사용하는 것이 하나님의 것을 도적질하는 것이다.

7. 협박과 거짓 약속의 문제

십일조를 강조할 때에 뒤따르는 협박(?)과 거짓 약속은 더더욱 문제이다. 십일조는 하나님의 것이기에 십일조를 하지 않는 것은 하나님의 것을 도적질한 것이라고 말한다. 그러한 협박(?)은 율법의 십일조에 뒤따르는 것이 사실이다. 옛 언약의 백성에게 십일조를 하지 않음이 하나님의 것에 대한 도적질이 됨은 법으로 정해져 있었기 때문이다. 신약의 교회에게는 십일조가 아니라 모든 물질이 하나님의 것이다. 하나님께서는 신자에게 그 물질을 위임하셨다. 자신과 가족의 생활을 위하여 사용하는 것과 다른 이를 위하여 사용하는 것은 신앙 양심을 따른 자유이다. 신자 안에 계신 성령님의 역사를 따라 사용하면 된다. 그것은 전적으로 개인의 선택이며 그 결과에 대한 책임도 전적으로 당사자의 몫이다.

십일조를 하면 하나님께서 물질적인 부유함을 약속하셨다고 말한다. 물질적인 부유함의 약속은 눈에 보이는 물질을 사용하여 언약의 하나님과 그분의 약속을 신뢰하도록 하시는 역사이다. 메시아이신 예수님의 오심은 그 모든 약속이 성취되었다는 것이다. 십일조에 뒤따르는 물질적 부유함의 약속은 실체이신 메시아를 바라보도록 하는 방편이었다. 실체가 오셨고 그 실체를 만났기에 그 실체를 바라보도록 하기 위한 방편으로서의 물질 활용은 더 이상 필요치 않게 되었다. 오직 실체이신 예수 그리스도 안에서 성령 하나님을 통하여 아버지 하나님과 바른 관계를 맺으며 사는 것이 필요할 뿐이다. 신약 성경 어디에서도 물질적인 부유함이 순종에 대한 약속으로 제시된 곳이 없다. 그런데도 십일조에 따른 물질적인 부유함을 약속으로 말하는 것은 거짓말이다. 하나님께서 교회에게 그와 같은 약속을 하신 적이 없으시기 때문이다.

십일조를 말함에 있어서 현실을 정직하게 보는 것도 필요하다. 한국 교회에는 십일조를 하는 데도 가난한 신자들이 많다. 자신들의 현실을 그냥 받아들이고 아무런 불평을 하지 않는 그들은 참 마음이 좋다는 생각을 한다. 물질적인 부유함이 뒤따르지 않음에 대하여 하나님께 약속을 지키지 않음에 대한 항변을 할 수도 있다. 거짓 약속을 한 목사들로 인하여 하나님께서 받지 않아도 될 항변을 들어야 하는 상황이다. 그런데 그들은 십일조를 하였음에도 약속을 따라 부유하게 되지 못하는 현실에 대한 책임을 스스로 떠안는다. 무엇인가 스스로에게 부족함이 있기 때문이라고 생각하는 것이다. 하나님께서 거짓말을 하실 리는 없다고 생각하기 때문이다. 십일조에 대한 약속의 필연적인 귀결로 십일조를 하지 않으면 가난하게 된다는 것도 마찬가지이다. 십일조를 하지 않는 유럽 교회의 신자가 더 부유한 것을 설명할 수가 없다. 십일조를 하지 않음으로 인하여 하나님의 징계를 받아 가난하여야 할 것이다. 부유함이나 가난함은 십일조와는 하등의 관계가 없다. 정직하고 성실하여 부유하기도 하고 그러함에도 가난할 수 있다. 부정직하고 불성실하여 가난하기도 하지만 그러함에도 부유할 수 있다. 강단에서 물질을 약속이나 징계의 내용으로 말하는 것은 전혀 비성경적인 것이다. 그것은 하나님의 이름을 망령되이 일컫는 범죄라고 할 수 있다.

신자는 자신에게 주어진 삶에서 성경적 원리를 따라 최선을 다하여야 한다. 물질적으로는 부유하든지 가난하든지 자족하며 감사함으로 하나님과 동행하는 생활을 하여야 한다. 하나님께로부터 주어진 것이라면 부유하든지 가난하든지 복으로서 감사하며 누릴 일이다. 하나님께로부터 주어진 것이 아니라면 부유하든지 가난하든지 화로서 돌이켜야 할 일이다. 한 신자가 어떤 일이 원하는 대로 되면 십일조를 하겠다고 마음으로 서원을 하였는데, 얼마 후 그대로 되었다. 그는 그 이후로 주위의 사람들에게 십일조를 하여야 복 받는다며 말하였다. 십일조 전도사 역할을 하는 것이다. 그가 원하는 대로 된 것은 하나님께로부터 왔을 수도 있고 마귀로부터 왔을 수도 있다. 마귀도 얼마든지 그렇게 할 수 있는 능력이 있다. 하나님께로부터 왔다면 하나님의 사람으로, 모든 선한 일을 행하기에 온전케 하시기 위한 은혜이다. 반면에 십일조 전도사 역할을 하는 것은 그 은혜를 잘못 적용하는 것이다. 하나님의 사람으로, 모든 선한 일을 행하기에 온전케 되는 행동이 아니기 때문이다. 마귀로부터 왔다면 진리 안에서 바르게 거하지 못하도록 하는 궤계이다.[9] 십일조 전도사 역할을 하는 것은 마귀가 원하는 대로 행하는 것이다. 목사는 그러한 신자에게 진리를 가르쳐야 한다. 그런데 목사가 하기 힘든 십일조 이야기를 해주기에 좋아하며 그의 행동을 설교에 인용하는 형편이다. 하나님께서 약속하지 않으신 것을 바라도록 신자들을 이끄는 것이다. 안타까운 현실이다.

8. 교회의 좋은 전통(?)

십일조를 교회의 좋은 전통으로 생각하기도 한다. 신자가 소득의 십분의 일을 헌금하는 것은 교회적으로나 개인적으로 유익한 좋은 전통이라는 것이다. 표면적으로 그 주장은 일리가 있는 것 같지만 그렇지 않다. 성경 해석에 있어서나 목회의 방법론에 있어서도 옳지 않다.

---

9) 물질적으로 부유하게 되는 것을 하나님께서 베푸시는 복으로 생각하는 것은 심각한 잘못이다. 앞에서도 몇차례 언급한 바와 같이 물질적인 부유함은 순종과 아무런 인과율이 없다. 신자들로 하여금 알게 모르게 물질적인 부유함을 신자로서의 삶의 중요한 목표로 삼고 그것을 추구하도록 한다. 삼박자 축복을 따르는 이들이 영혼의 잘됨과 강건함 그리고 범사에 잘됨에서 후자에 가장 크게 아멘으로 화답하는 것에서 확인된다. 그 과정에서 불의한 방법을 취하는 경우에도 그 결과만을 두고 하나님의 복을 받았다고 말한다. 당사자가 그 과정의 불의함을 말하지는 않는다. 그렇게라도 부유해지면 지체들에게 인정을 받는다. 불의를 지지하는 꼴이 되는 것이다. 물질의 정도와 상관없이 그 생각과 말과 행동이 성경적인 원리에 부합되는가를 살피고 그것으로 당사자를 평가하는 교회가 되어야 한다.

목회는 오직 성경적인 원리에 입각하여 이루어져야 하고 그 방법론에 있어서도 마찬가지이다. 우리가 보기에 아무리 좋다고 하더라도 성경적 원리와 일치하지 않으면 그것은 포기하여야 한다. 예수님께서 그렇게도 강력하게 거부하셨던 장로들의 유전에 해당되기 때문이다.

성경적인 원리에 일치하지 않는 것은 반드시 부작용을 낳는다. 오직 성경적인 원리 곧 진리만이 우리를 자유롭게 한다. 십일조를 법으로 가르침으로 인해 도움을 받아야 하는 형편에도 십일조를 하고서 어려움을 겪는 지체들이 적지 않다. 생활이 힘든 부녀가 칠십 오만원의 월급을 받고서 칠만 오천원의 십일조를 하는 모습은 가슴을 저미게 하는 것이었다. 그들은 하나님의 것을 도적질할 수는 없다는 자세로 굳이 십일조를 한다. 물론 떠밀려서 억지로 하는 것은 아니다. 자원함으로 즐겁게 하였다. 그렇지만 그것은 옳은 것이 아니다. 십일조에 대한 이제까지의 가르침에 세뇌(?)되어 나타나는 모습이기 때문이다. 마치 북한 정권 하에서 주민들이 자원하여 즐겁게 김일성과 김정일 그리고 김정은을 찬양하는 것과 같다. 자원하여 즐겁게 하더라도 잘못된 원리에 기초하여 하고 있다면 잘못된 것일 뿐이다.

십일조의 유용성을 부정할 수는 없다. 교회 재정의 확보에 있어서 편리하다. 교회는 사람들인데, 교회로서의 사람들은 영리를 추구하지 않는다. 반면에 그들이 추구하는 하나님 나라는 재정을 필요로 한다. 그 재정의 확보에 있어서 가장 확실한 방법이 십일조이다. 좋은 마음으로 십일조를 하는 신자는 자신에게 주어진 돈에 대한 나름의 신앙고백을 한다는 유익도 있다. 그렇지만 그것이 교회가 십일조를 말할 수 있는 근거가 될 수는 없다. 성경 시대에 유대인 교사들은 좋은 마음으로 이방인 교회에게 율법을 지켜야 한다고 가르쳤다. 율법이 선한 것이기에 하나님의 백성으로서 지키는 것이 당연하다고 생각하였던 것이다. 바울 사도는 그에 대해 예수님께서 헐어버린 것을 다시 세우는 행위로서 범법자가 된다고 말씀하였다(갈 2:18). 십일조의 유용성을 앞세워 십일조를 요구하는 것은 율법의 유용성을 앞세워 율법 준수를 요구하는 것과 같다. 구원의 방편으로 제시하지만 않는다면 문제가 되지 않는다고 생각하는 경향이 있다. 구원의 방편으로 제시될 때에만 문제가 된다고 생각하는 것이다. 율법 준수 요구가 범법 행위가 되는 것은 구원의 방편으로 제시되었기 때문만은 아니다. 어떤 전제를 달든지 달지 않든지 간에 그러한 요구 자체가 범법 행위가 되었다. 십일조도 원리적으로 마찬가지이다.

제대로 공부를 한 신학자들이라면 바른 신학적 원리에 입각하여 십일조에 대한 생각을 가지고 있을 것이다. 그럼에도 침묵하는 이유는 그것이 한국 교회의 좋은 전통이라고 생각하기 때문으로 여겨진다. 신자를 하나님의 사람으로 바르게 세우는 좋은 전통은 오직 성경적 원리에 기초하여 형성된 전통이어야 한다. 십일조를 강조하며 시행되는 한국 교회의 전통은 좋은 전통이 아니다. 장로들의 유전을 따르고 있는 것일 뿐이다. 십일조를 하지 않는 유럽 교회의 전통이 좋은 전통이다. 유럽 교회가 여러 면에서 안타까운 모습을 보이지만 이 면에서는 그들이 옳다.

9. 하나님 의지하기

십일조를 어떻게든지 고수하려고 하는 모습은 하나님을 의지함 곧 믿음과도 무관하다. 십일조를 포기하지 않으려는 목사들의 태도의 가장 밑바탕에는 교회 재정 확보에 어려움이 생긴다는 의식이 있다.

십일조에 관한 논쟁 중에 한 네티즌이 제기한 내용이다. "첫째, 교회재정을 무엇으로 확보할 것인가요? 구약에서의 십일조의 가장 중요한 사용처는 하나님의 전에서 전임으로 일하는 제사장과 기업을 가지고 있지 못한 가난한 자들입니다. 오늘날 교회 재정의 절반 이상의 수입이 십일조에서 옵니다. 그러면, 교회가 무엇으로 재정을 확보해야 하는지 답을 주세요. 둘째, 담임목회를 위해서는 담임자가 이중 직업이거나 자비량을 해야 한다는 말인데, 그것이 그렇게 쉽다고 생각하십니까? 새벽예배 및 수요예배 혹은 금요예배를 당장 폐해야 할 것입니다. 직업을 가진 담임자가 그 모든 것을 감당하기란 버거울 것입니다. 답을 주세요. 셋째, 사실 이러한 차원에서 본다면, 목회는 부한 자나 후원배경을 가진 사람만이 할 수 있다는 생각을 갖게 됩니다. 이에 대해 답을 주세요."[10]

실제로 십일조를 하지 않으면 재정 확보에 어려움을 겪을 수 있다. 앞에서 제기된 내용들은 실제이다. 십일조가 교회 재정의 절반 이상을 차지하기에 그 어려움은 더욱 강하게 와 닿는다. 교회의 전임사

---

10) http://www.dangdangnews.com/news/articleView.html?idxno=18659

역자들에게 생활비를 지급하기 어려울 수도 있다. 그 결과 부한 자나 후원배경을 가진 성도만이 말씀사역에 전념할 수 있을 수도 있다.

그렇지만 위기의식 때문에 하나님의 말씀의 원리를 저버리는 것은 불신앙이다. 하나님은 살아계시고 말씀을 따르려는 교회를 붙드신다. 그 교회의 필요에 민감하게 역사하시고 필요를 채워주신다. 재정 확보에 대한 위기의식으로 십일조를 포기하지 않으려고 함은 하나님을 신뢰하지 못한다는 것이 된다. 가데스바네아에서 이스라엘이 가나안 정복에 대해 하나님을 의지하지 않고 거부하였던 것과 다르지 않다. 말씀의 원리를 따를 때에 하나님의 역사 안에서 재정 확보가 이루어지리라고 믿지 않는 것이다. 그렇지만 교회가 진정으로 하나님께서 기뻐하시는 방식으로 물질을 사용한다면 그 은혜 안에서 어떤 형태로든지 그 필요가 채워질 것이다.

화란의 개혁교회는 일년 예산이 결정되면 공고한다. 성도들은 지체들의 수와 자신의 소득 정도를 생각하여 감당하여야 몫을 계산한다. 12개월 혹은 53주로 나누어서 자신이 감당하여야 할 몫을 헌금한다. 합리적인 예산 책정과 합리적인 책임 감당 그리고 합리적인 예산 사용이다. 십분의 일이라는 강제 규정이 없다. 자발적으로 즐겁게 감당하여야 할 몫을 정하고 기쁨으로 감당한다. 한국 교회가 배워야 할 좋은 전통이라고 생각한다.

10. 구제 헌금의 타이틀로 가능

화란의 개혁교회와 같은 풍토가 갖추어지지 않은 상태에서 헌금의 한 항목으로 십일조를 말할 수는 있다고 생각한다. 선교 헌금과 같은 비중의 구제 헌금의 한 항목이다. 반드시 해야 하는 법일 수는 없다. 선교 헌금을 신자가 자신의 신앙 양심을 따라 자유롭게 하는 것과 같이 자유롭게 하는 구제 헌금의 한 항목이 된다. 그리고 선교 헌금이 선교를 위하여 사용되어야 하는 것과 같이 그 헌금은 가난한 지체들 나아가 불신자들을 위하여 사용되어야 한다.

그렇지만 이렇게 말하기도 여전히 걱정스럽다. 율법의 십일조와 혼동을 일으킬 수 있기 때문이다. 율법의 십일조에 대한 연장으로 생각할 여지가 많다. 십일조를 하던 관성이 있어서 자연스럽게 헌금할 가능성이 크다. 그렇기에 헌금의 한 항목으로 십일조를 말하려면 지속적으로 율법의 십일조와 다르다는 사실을 상기시켜야만 한다.

물론 한국 교회의 그 많은 헌금 항목을 생각할 때에 그냥 폐지하는 것이 더 낫다고 생각한다. 헌금의 항목을 최대한 줄여야 한다. 이전의 교회 사역에서 헌금 종류는 두 가지였다. 주일헌금과 목적헌금이다. 별도의 예산을 책정하지 않았다. 그때그때에 사용하여야 할 곳이 있으면 그곳에 사용하기 위해 목적헌금을 하였다. 개척교회였기에 그렇게 어렵지 않았다. 교회에 따라 사정이 다르겠지만 가능한 한 헌금 종류를 줄였으면 한다. 주일헌금, 감사헌금, 목적헌금 정도면 충분하리라고 생각한다.

5장
십일조 개혁을 통한 교회 개혁

5장
십일조 개혁을 통한 교회 개혁

1. 부활의 신학적 의의

십일조 논의에서도 예수님의 부활은 중요하다. 십일조를 담고 있는 율법과 예수님의 부활의 긴밀한 관계 때문이다. 바울 사도는 예수님이 부활하지 않았다면 신자의 믿음이 헛되고 신자가 여전히 죄 가운데 있을 것이라고 진술하였다(고전 15:14). 이는 죄 가운데서 벗어나는 첫 번째 길인 속죄와 부활이 불가분의 관계임을 뜻한다.

죄에서 벗어남은 영생과 긴밀하게 연관되어 있다. 영생은 유일하신 참 하나님과 예수 그리스도를 아는 것이다(요 17:3). "안다"는 체험적인 앎으로서 "사랑한다"와 동의어이다. 하나님과 예수 그리스도를 사랑하는 것이 영생이다. 하나님과 예수 그리스도의 사랑을 받게 된다. 영생은 삼위이시며 한 분이신 하나님과 서로 사랑하는 것이다.

예수님은 영생을 얻는 길이 제시된 성경이 자신에 대해 증거한다고 말씀하셨다(요 5:39). 구약 성경이다. 예수님은 부활을 통하여 그 모두를 완성하셨다. 유대인들과 우리가 문자에 있어서는 차이가 없는 성경을 가지고 있다. 그들은 히브리 성경이라고 하고 우리는 구약 성경이라고 한다. 유대인들은 문자를 따라 읽는다. 우리는 다르다. 부활하신 예수 그리스도를 통하여 읽어야 한다. 그렇지 않으면 유대교일 뿐이다. 구약의 문자를 통하여 삶의 교훈을 얻는 정도인 경우가 많은데, 너무나 잘못된 것이다. 십자가에서 죽으시고 부활하신 예수 그리스도를 통하여 읽고 그 결과로서 삶의 교훈을 얻어야 한다.

구약에는 율법이 포함되어 있다. 구약을 완성하셨음은 율법을 완성하셨다는 의미가 내포되어 있다. 예수님은 십자가와 부활을 통하여 율법을 완성하셨다. 당연히 율법의 한 부분인 십일조도 완성하셨다.

부활의 의의는 빈 무덤에서 확인하게 된다. 요한 사도는 예수님이 부활하신 빈 무덤의 모습을 두 가지로 표현하였다. 예수님의 시신을 쌌던 세마포가 두건과 따로 개어져 있었다(요 20:7). 그리고 예수님의 시신이 놓였던 머리와 발편에 두 천사가 앉아 있었다(요 20:12).

2. 속죄를 완성하신 예수 그리스도

세마포가 두건과는 별도로 개어져 있었다는 것의 의미는 구약 성경을 통하여 확인할 수 있다. 율법에는 속죄일에 대한 이야기가 있다. 속죄일은 일 년의 한 날에 이스라엘의 모든 백성들의 죄를 속하는 제사를 집례하는 날이다. 대제사장은 그 날에만 유일하게 지성소에 들어 간다. 들어가기 전에 번제단에서 자신의 죄를 속하는 짐승을 속죄제물 과 번제물로 바친다. 그는 거룩한 세마포 속옷을 입고 세마포 고의를 살에 입고 세마포 띠를 띠며 세마포 관을 쓰고 그 사역을 감당한다(레 16:5). 자신을 위해 바치는 제물의 피를 지성소에 가지고 가서 증거궤 위의 덮개 너머와 앞에 뿌린다. 백성들의 속죄 제물로 숫염소 두 마리 와 번제물로 숫양 한 마리를 받는다. 두 마리의 염소 중에서 한 마리는 하나님께 속죄 제물로 바친다. 한 마리는 모든 죄를 고하여 안수하고 광야로 보낸다. 이를 아사셀 염소라고 부른다. 그리고 그는 회막에 들 어가서 지성소에 들어갈 때에 입었던 세마포 옷을 벗어둔다. 대제사장 이라고 하더라도 지성소에 들어가서 하나님께서 징하신 방식을 따르 지 않으면 죽는다. 하나님께서 죽이신다. 대제사장이 속죄일에 살아 나와서 세마포 옷을 회막에 벗어둔다는 것은 지성소에 들어가서 행해 야 하는 모든 사역을 성공적으로 마쳤다는 것이다. 전 이스라엘 백성 의 죄를 속하는 제사가 성공적으로 마쳐졌다는 것이다.

예수님은 대제사장이시며 동시에 속죄제물로서 자신을 제물로 삼아 속죄 제사를 드렸다. 십자가에 달려 죽으셨다. 이스라엘의 풍습 을 따라서 동굴을 무덤으로 하여 시신이 놓였다. 제 삼일 새벽에 시신 은 없고 세마포가 두건과는 별도로 개어져 있다. 속죄일에 대제사장이 속죄 사역을 잘 완수하고 난 후에 회막에 세마포를 놓아두었던 것과 같다. 스스로를 속죄 제물로 하여 제사를 집례한 대제사장의 사역이 성공적으로 마쳐졌다는 뜻이다. 속죄 사역을 성공적으로 마치면 대제사장은 지성소에서 걸어 나오게 된다.

예수님의 부활은 그 속죄 사역을 성공적으로 마쳐서 지성소에서 걸어 나오는 것이다. 살아 나오시는 것이다. 속죄 사역이 성공적으로 이루어지면 지성소에서 살아서 걸어 나오게 된다. 예수 곧 자기 백성을 저희 죄에서 구원할 자라는 이름에 걸맞게 속죄 사역을 성공적으로 완수하신 것이다. 하나님께서는 자기 백성이 죄 가운데 살지 않도록 하기 위해 율법을 주셨다. 은혜이다. 이스라엘은 그 은혜를 헛되이 받았다. 율법을 지키지 않았다. 죄 가운데 살았다. 율법 아래에서 죄를 범했다. 예수님의 속죄 사역은 그 죄에 대한 대가도 지불하신 것이다. 예수님의 부활은 율법 불순종의 죄에 대한 속죄를 성공적으로 완수하셨음을 뜻한다. 십일조를 온전히 준수하지 않은 죄에 대한 속죄도 성공적으로 완수하셨다.

예수님의 속죄 사역은 율법 아래에 있던 다른 대제사장들과는 달리 자기 백성을 넘어서 온 세상의 죄를 속하시는 구속 역사이었다. 첫 사람인 아담의 범죄로 인하여 타락한 온 세상을 회복하시기 위한 하나님의 구속 역사이다. 아담의 범죄의 영향력이 세상에 대하여 실제적이었던 것과 같이 예수님의 속죄도 마찬가지이다. 구원받지 못하는 사람들과 연관하여 헛되이 피를 흘리셨다고 말해야 하는 것이 아니라 그들을 향한 하나님의 사랑이다. 예수님의 부활은 자기 백성을 넘어서서 온 세상의 죄를 속하기 위한 속죄 사역이 성공적으로 이루어져 하나님께 받아들여졌다는 것이다. 세마포가 두건과 따로 개어져 있는 예수님의 빈 무덤은 그 사실을 웅변적으로 증거하고 있다.

예수님께서 십자가에서 그 피를 흘리심은 세상의 죄에 대한 대가를 대신 지불하신 것이다. 그 대속 사역은 성공적으로 마쳐졌고 하나님께 받아들여졌다. 그로 인해서 너무나도 당연하게 살아서 걸어 나오시는 것이다. 부활이다. 예수님이 죽은 사람들 가운데서 다시 살아나야 한다고 구약 성경에 말씀하고 있다(요 20:9)고 기록된 이유이다. 그러한 문자가 구약 성경에 없음에도 그렇게 기록되었다. 속죄일의 대제사장의 사역이 구원자와 그분의 사역에 대한 그림자였기 때문이다. 예수님은 그 그림자의 실체로서 십자가에서 죽으셨고 대속 사역을 성공적으로 마쳤으며 그 무덤에서 걸어 나오셨다.

3. 우주적 통치자이신 주 예수 그리스도

예수님의 시체 뉘었던 곳의 머리 편과 발편에 흰 옷 입은 천사가 앉아 있었던 모습은 지성소의 법궤 위에 새겨진 두 그룹과 관련된 것이다. 지성소의 법궤 위에는 두 그룹이 만들어져 있었다. 그룹은 하나님의 병거의 역할을 하는 천사이다. 하나님의 보좌라고 하겠다. 하나님을 모시고 하나님께서 원하시는 대로 온 우주를 운행하며 하나님의 뜻을 수행하는 존재이다. 그룹이 법궤 위에 만들어져 있는 것은 법궤가 하나님의 보좌로서 하나님께서 임재해 계신다는 것을 나타낸다. 지성소는 단순히 하나님의 임재의 상징이 아니라 하나님께서 임재해 계시는 곳이다. 옛 언약의 시대에 하나님께서는 성막과 그 이후 시대에는 성전의 지성소에 임재하셔서 그의 백성들을 만나셨다.

　이러한 지성소의 법궤 위의 두 그룹과 같은 의미로서 빈 무덤은 계시되고 있다. 비록 예루살렘의 돌 성전에 지성소가 있는 것은 사실이지만 그곳에는 더 이상 하나님께서 계시지 않는다. 예수님의 무덤이 바로 지성소가 되었기 때문이다. 예수님의 부활은 자신의 죽음으로 새 지성소를 만드시고 그곳에서 그분이 하나님으로서 온 우주를 통치하게 되었다는 것을 뜻한다. 그룹으로서 두 천사는 있지만 시신은 없다. 예수님께서 살아 나셔서 그룹을 대동하고 온 우주를 운행하며 통치하실 것이기 때문이다. 부활하신 예수님께서 갈릴리의 한 산에서 제자들을 만나셔서 "하늘과 땅의 모든 권세가 내게 주어졌으니"(마 28:18)라고 말씀하신 것과 같다. 예수님께서 원래부터 자신의 소유이었던 온 우주를 다스리는 권세를 돌려받으시고 그룹들을 병거로 삼아 온 우주를 운행하며 통치하시게 되었다. 예수 그리스도께서 주님으로서 온 우주를 통치하시게 되었다.

　예수님의 부활은 이 땅에서의 그분의 삶이 진실하였다는 선언이다. 예수님이 십자가에 달릴 때에 유대인들은 예수님을 조롱하였다. 정말로 구원자라면 십자가 죽음에서 스스로 벗어나라면서 조롱하였다. 그 조롱은 예수님의 이전 삶에서 나타낸 모든 모습과 가르침까지 포함하고 있다. 예수님의 행적 전부에 대한 조롱이었다. 예수님은 그 자신의 능력으로 십자가에서 내려오지 못했다. 죽었다. 조롱이 옳은 것으로 생각되었다. 삼 일만에 반전이 일어났다. 그분이 살아나신 것이다. 조롱이 진실인 듯 보였는데 아니었다. 하나님은 부활을 통하여 예수님의 행적이 진실이라고 선언하셨다. 하나님께서 조롱하는 자들이 아닌 예수님의 손을 들어주셨다.

예수님의 우주 통치는 그 자신의 행적에서 나타내신 바를 따라서 행해진다. 하나님 아버지께서 이 땅의 사람들에게서 보시고자 하신 바가 예수님의 삶이었다. 하나님 아버지의 우주 통치의 실재가 예수님의 행적이다. 부활하신 예수님은 주님으로서 이미 스스로가 나타내셨던 행적을 통치 원리로 삼으셨다. 불의와 타협하지 않는다. 가난하고 힘든 사람들의 편에서 그들과 함께 하시면서 진리 안에서 자유롭게 하려고 하셨다. 모든 사람이 하나님을 떠난 죄를 깨닫고 자신들의 자리로 돌아가도록 섬기셨다. 자기 목숨까지도 기꺼이 내어주셨다. 주 예수님의 통치는 자신이 삶에서 보이셨던 바가 이 땅에서 실현되도록 하시려는 것이다.

빈 무덤은 예수님의 우주 통치의 내용을 아주 분명하게 보여준다. 무덤은 죽음을 전제한다. 죽지 않으면 무덤이 필요하지 않다. 부활은 죽음을 전제하고 있다. 죽지 않았다면 부활은 없다. 죽음과 부활이 주 예수님의 우주 통치의 대원리이다. 하나님 아버지의 뜻을 따라 다른 사람들을 위하여 죽고 하나님 아버지의 뜻을 따라 살아나는 것이다.

4. 죄 사함 받은 신자

예수님의 대속과 부활로 인해 신자는 죄 자체에서 구원받았다. 예수님은 십자가에서 피를 흘리심으로 신자의 죄 값을 담당하셨다. 하나님께서 그 속죄를 즐거이 받으셨고 부활하셨다. 이제 예수 그리스도 안에서 신자는 그 모든 죄의 형벌로부터 완전히 벗어나게 된다. 예수님께서 모든 죄 값을 치르셨기에 하나님의 법정에서 "죄없다! 의롭다! 정의롭다!"는 선언을 받게 되었다. 하나님께서는 신자의 과거, 현재, 미래의 모든 죄에 대하여 무죄 선언을 하셨다. 완전무죄 석방이다(롬 8:1). 성령님께서 선물로 주어졌고 그분 안에서 신자의 양심은 하나님을 찾아갈 수 있게 되었다. 선한 양심이다. 이전에는 죄가 즐거움을 안겨 주었으나 이제는 그 죄가 신자 양심에 견딜 수 없는 짐과 쓰라린 고통이 된다(시 40:12, 마 11:28). 죄를 미워하시는 성령님께서 신자의 범죄에 대해 고통스러워하시기 때문이다.

이제 신자는 담대함과 당당함으로 예수 그리스도 안에서 하나님 앞에 나아갈 수 있게 되었다. 옛 언약에서는 하나님 아버지 앞에 서게 되는 것은 곧 죽음이었다. 그들은 하나님의 임재 앞에 서게 되면 죽음의 공포에 사로잡혔다(출 20:18~19, 사 6:5). 그렇지만 새 언약 아래에서 신자는 죽음의 공포가 아니라 기쁨의 찬양으로 영광의 하나님을 맞이할 수 있게 되었다. 예수님의 탄생 때에 목자들이 그들을 두루 비취는 주의 영광으로 두려워하고 두려워하였다. 그때에 나타난 천사는 "두려워하지 말라 나는 온 백성에게 큰 기쁨이 될 소식을 너희에게 전하여 준다"(눅 2:10)고 했다. 그 말이 성취된 것이다.

담대함과 당당함으로 나아가 함께 식탁의 교제를 나눌 수 있는 존재가 되었다. 식탁의 교제는 매 주일 공동체의 예배에서 성찬을 시행함으로 신자 앞에 펼쳐지게 된다. 신자는 담대하게 은혜의 보좌로 나아가서 하나님의 도우심을 받을 수 있게 되었다(히 4:16). 이 얼마나 놀랍고 감격스러운 일인가! 허물과 죄로 죽었던 사람을 살리셔서 이러한 놀라운 영광으로 인도하시는 하나님의 은혜와 사랑에 감사하며 감격하지 않을 수 있단 말인가!

신자는 새 사람이다. 그리스도 예수 안에서 새 사람이 되었다(고후 5:17). 과거의 모든 죄를 기억하고 자백함으로 용서받아서 새 사람이 된 것이 아니다. 예수 그리스도와 연합됨으로 새 사람이 되었다. 예수 그리스도의 피를 값으로 모든 죄의 값을 지불하였다. 그러므로 지난날의 죄를 일부로 찾아내어 고백하여야 할 이유는 없다.

신자는 죄의 부정적이고 악한 영향력에서도 해방되었다. 죄의 지배 아래에서 받았던 모든 부정적이고 악한 영향력에서 해방되었다. 본질적으로 죄의 지배력이 힘을 발휘할 수 없는 존재가 되었다. 거듭났고 선한 양심이 주어진 것이다. 그런데 죄의 부정적인 영향력은 뇌에 저장되어 의식적이든지 무의식적이든지 현재의 생각과 말과 행동에 영향을 끼치려고 한다. 기억을 방편으로 하여 힘을 발휘하는 것이다. 대부분의 신자는 과거의 영향력을 받아들여 현재 생활이 이루어지고 있다. 부모의 양육, 친구 관계와 학교생활에서 받았던 영향력이 성인이 되어서도 고스란히 나타난다. 특히 부모의 양육과 관련된 영향력의 정도는 상상을 넘어설 정도이다. 부정적인 영향력은 더욱 그렇다. 그로 인한 부족하고 부끄러운 삶에 대해 죄의식에 빠지게 만든다. 이럴 때에 자신에게 말하여야 한다. "예수 그리스도 안에서 모든 죄를 이미 용서받았다. 죄의 부정적인 영향력이 내게 힘을 발휘할 수 없다. 죄에 대해 해방되었다."

물론 신자로 살면서 범한 죄에 대해서는 하나님께 자백하여야 한다. 예수 그리스도 안에서 이미 용서된 죄이지만 하나님께 자백하여 죄 사함을 받아야 한다(요일 1:9). 지체에게 죄를 고하는 삶도 있어야 한다(약 5:16). 가톨릭의 고해성사를 수용하자는 말이 아니다. 모든 지체가 주 예수님 안에서 동등한 형제로서 서로 죄를 고하여야 하는 것이다. 하나님 앞에서 숨길 수 없는 죄이기에 지체에게도 숨기려고 하지 않는 것이다. 지체에게 죄를 고하면 죄에서 벗어나는 삶을 살게 될 여지가 커진다. 서로 죄를 고하는 것은 신자를 성숙하도록 하시는 매우 중요한 은혜의 방편이다. 죄의 부정적인 영향력에서 허덕이고 있는 오늘날의 개신교회는 그 은혜의 방편을 저버린 결과이기도 하다.

지체에게 죄를 자백할 때에 그 자백은 모든 지체들에게 한 것이라는 사실을 꼭 기억하여야 한다. 내 앞의 지체에게 내 죄를 자백할 때에 내 앞에 없는 다른 모든 지체에게 함께 자백한 것이다. 내 앞에 없어서 그들의 귀에 들려지지 않은 것일 뿐이지 나는 그들에게도 내 죄를 자백한 것이다. 하나님께 숨길 수 없는 죄를 자백하는 것과 같이 모든 지체에게 숨김이 없이 자백하는 것이라고 할 수 있다. 그 사실을 잘 인식하면 내가 고백한 죄가 또 다른 누군가를 통하여 내 귀에 들려질 때에 불편해지지 않을 수 있다. 분노하지 않을 수 있다. 내 죄를 다른 누군가에게 옮긴 지체와 관계가 훼손되지 않을 수 있다. 이미 자백한 죄의 내용을 다른 이를 통하여 듣는다고 해서 달라지는 것은 없으니 말이다.

5. 통치의 대리자인 신자

예수님이 그리스도이실 뿐만 아니라 주님이 되셔서 행하시는 통치는 아주 중요한 변화를 가져오게 된다. 창조 때의 원래 질서가 회복되는 것이다. 원래 사람은 하나님보다 조금 못한 존재로 창조되었다 (시 8:5). 처음 창조 때에 사람은 영화와 존귀로 관을 씌움 받았다. 정리를 하자면 하나님, 그 밑에 사람, 그 밑에 구원 얻을 후사를 섬기는 존재로서 천사, 그 밑에 짐승이었다. 질서에 있어서 사람이 천사보다 위였다. 그런데 첫 언약의 사람 아담의 타락으로 사람과 천사의 지위에 역전이 일어났다. 이는 에덴동산의 생명나무의 길을 그룹들과 두루도는 화염검으로 지키게 하신 것으로 나타난다. 그 이후 언약의 시대에서 계속적으로 언약의 백성들은 하나님의 메신저인 천사의 말을 듣고 순종하여야 했다. 그렇지만 예수 그리스도 안에서 그러한 질서는 원래대로 회복되어졌다. 천사는 구원 얻을 후사인 사람들을 섬기는 자리로 돌아갔다(히 1:14). 새 언약의 교회는 천사들을 심판하게 될 것이다(고전 6:3). 물론 세상도 마찬가지이다. 심판한다는 것은 통치한다는 것을 담고 있다. 신자는 우주의 통치자이신 주 예수님의 통치를 대리하는 사람이다.

교회는 예수 그리스도 안에서 죄에 대하여 죽은 사람들이다. 성령 하나님의 신비한 역사 안에서 그분의 십자가에 함께 못 박혀 죽었다. 교회는 예수님의 부활에도 함께 참여한 사람들이다. 의에 대해 부활한 것이다. 죄에 대해 죽고 의에 대해 부활하였기에 주 예수님의 우주 통치 대리자로서 세움을 입는다. 그분의 우주 통치의 대원리를 그분 안에서 경험하였기에 통치의 대리자로서 살 수가 있다.

신자는 스스로에 대하여 바르게 인식하여야 한다. 하늘 군대인 천사와 함께 땅의 군대이면서 동시에 주 예수 그리스도의 병거라는 사실을 인식하여야 한다. 자신의 정체성을 바르게 인식하는 것과 함께 그 정체성에 걸맞게 스스로를 세워가야 한다. 연약함에 사로잡혀 그 가운데 신음하며 "어쩔 수 없다"고 탄식하는 자리에 머물러 있어서는 안 된다. 하늘의 지혜, 영적인 통찰력과 성령 하나님의 능력으로 무장된 하나님의 강력으로 온 우주에 대한 주님의 통치를 대리하여야 한다. 이는 신자 간에 섬김과 연합과 일치를 통하여 가능케 된다. 한 사람 한 사람이 스스로를 바르게 알고 지체를 세워가는 섬김을 통하여 이루어지는 것이다.

교회가 교회답게 되는 것이 중요한 이유가 여기에 있다. 주 예수님은 그 은혜로 부르신 사람들을 통하여 이 땅을 통치하고자 하신다. 그분은 이 땅의 사람들이 자신을 보고 경험하도록 하는 방식으로 통치하고자 하신다. 하나님의 우편에 계신 그분을 어떻게 볼 수 있다는 말일까? 예수님과 연합한 신자를 통하여 주 예수님을 볼 수 있게 된다. 하늘에 계신 주 예수님이 아니라 이 땅에서 사람들과 함께 생활하는 예수님을 보게 되는 것이다. 이 땅에서 예수님을 보여주는 존재가 신자이다. 신자는 이 땅의 다른 사람들에게 그분을 보여주어 이 땅을 통치하게 된다. 통치의 대리자로서의 직무를 감당하게 되는 것이다.

예수님은 불의와 타협하지 않았다. 가난하고 힘든 사람들의 편에서 그들과 함께 하시면서 진리 안에서 자유롭게 하려고 하셨다. 모든 사람이 하나님을 떠난 죄를 깨닫고 자신들의 자리로 돌아가도록 섬기셨다. 자기 목숨까지도 기꺼이 내어주셨다. 주 예수님의 통치의 대리자인 신자는 불의와 타협하지 않아야 한다. 가난하고 힘든 사람들의 편에서 그들과 함께 하면서 진리 안에서 자유롭게 하려고 해야 한다. 모든 사람이 하나님을 떠난 죄를 깨닫고 자신들의 자리로 돌아가도록 섬겨야 한다. 예수님을 닮아 그 목숨까지도 기꺼이 내어주어야 한다. 죄에 대해서는 죽었다. 반응하지 않는다. 의에 대해서는 살았다. 적극적으로 반응한다. 모든 것을 다 바친다. 모든 힘을 다 쏟는다. 의를 위하여. 하나님의 의를 위하여.

신자가 거룩을 좇아야 하는데, 현실은 부귀를 좇고 있다. 신자가 하늘의 길을 걸어야 하는데 세상의 풍속을 좇고 있다. 어떤 이들은 성경의 가르침을 이해함에 있어서 세상적인 사고를 그대로 답습하고 있다. 어떤 이들은 성경의 가르침을 실천함에 있어서 세상적인 방식을 그대로 모방하고 있다. 신자다움과 멀어지도록 하는 잘못에 있어서 별반 차이가 없다. 하나님의 마음으로 사람들을 사랑하여야 하는데, 선민의식에 빠져서는 부당하게 다른 사람들을 비난한다. 세상을 진리로 인도하는 섬김을 감당하여야 하는데, 세상적인 힘을 소유하고 권력의 맛에 취해 있다. 아무렇지도 않게 힘의 논리를 추구하고 있다.

말로는 성경으로 돌아가자고 하는데, 실상은 너무나 거리가 멀다. 예루살렘 교회를 생각하면 수적으로 크게 성장한 것에만 관심을 두고 어떻게든지 그것을 이루기 위해 모방하고만 있다. 기도를 모방한다. 설교와 가르침을 모방한다. 찬양을 모방한다. 전도를 모방한다. 교제를 모방한다. 세례를 모방한다. 열심히 모이는 것을 모방한다. 현실 교회의 모습을 모방이라고 말하는 이유는 그 모두의 바탕인 주를 경외함은 찾기 어렵기 때문이다. 주님을 가까이 하면서 두려워하고 두려워하면서 가까이함은 찾기 어렵다. 두려워함이 없이 가까이 한다. 좋으신 하나님, 좋으신 아버지라며 즐거이 찬양하지만 삶에서 의를 추구하지는 않는다. 의를 위하여 핍박을 받음은 없다. 먹고 살기 위해 적당하게 불의와 타협하면서 공생을 추구할 뿐이다. 가까이함이 없이 두려워한다. 깐깐한 검사나 무서운 판결을 내리는 판사와 같이 생각한다. 언제나 일정한 거리를 두고서는 자신이 정한 선 이상으로 가까이 하지 않으려고 한다. 주님께서 맡기신 사명을 위한 적극적인 삶이 아니라 땅에 묻어두고 세월을 보내기만 하는 것이다. 한 달란트 받은 종이 주어진 달란트를 땅에 묻어두었다고 주인에게 내밀면서 무서운 분이어서 실수하지 않으려고 그랬다고 말했던 것과 같다.

예루살렘 교회는 유무상통을 통해 핍절한 사람이 없었다(행 4:32). 교회의 지체들이 밭과 집 있는 자는 팔아 그 판 것의 값을 가져다가 사도들의 발 앞에 두었고 각 사람의 필요를 따라 나눠주었기 때문이다(행 4:34). 오늘날의 교회와 신자의 삶에서 도무지 볼 수 없는 삶이 어떻게 가능하였는가? 사도들이 큰 권능으로 주 예수의 부활을 증거하여 무리가 큰 은혜를 얻었기 때문이었다(행 4:33). 32절과 34절이 가능할 수 있었던 이유이다. 율법 아래에서 밭은 하나님께서 주신 기업이었다. 생계를 위해 어쩔 수 없는 경우가 아니면 팔지 않았다. 팔

수 없었다. 그런데 예루살렘 교회는 달랐다. 부활을 통하여 율법을 완성하신 예수님, 안식년과 희년을 성취하신 예수님이 신자의 기업이 되셨기 때문이다. 땅을 소유하지 않을 수 있게 되었고 희년을 통하여 돌려받으려고 할 이유도 없었다. 즐거이 땅과 집을 팔아 핍절한 지체를 위하여 내어놓을 수 있었다. 주 예수의 부활에 대한 큰 권능의 증거가 맺은 열매이다.

신자가 매년 부활절을 기념한다. 매년 부활에 대한 설교가 행해지고 있다. 그런데 그 설교로 인해 유무상통을 통하여 핍절한 사람이 없도록 하는 희생이나 섬김은 찾아볼 수가 없다. 설사 그러한 내용을 전파한다고 하더라도 과연 오늘날의 신자가 예루살렘 교회의 지체들과 같이 재산을 내어놓을 것인가는 의문이다. 가능성이 희박하리라고 생각한다. 유무상통을 통하여 핍절한 사람이 없는 공동체는 주 예수님의 우주 통치를 대리하는 방식이다. 세상 사람들에게 주 예수님의 우주 통치를 보여주는 통로이다. 반면에 오늘날은 예수님의 부활이 사변으로 전락했다. 실로 하나님 앞에서 안타깝고 죄스럽기만 한 일이다. 예수님의 부활을 하나의 사변으로 삼고 살아가는 교회와 신자는 진실로 회개하여야 한다. 사변까지는 아니더라도 객관적인 사실 정도일 뿐이다. 예수님의 부활이 사실이라는 정도이다. 신자의 부활신앙이란 그 사실을 사실로서 받아들이는 것 이상도 이하도 아니다. 부족함을 넘은 잘못이다. 부활신앙을 제대로 가르치고 실천되도록 섬겨야 한다.

바울 사도는 거듭난 신자들에게 옛 사람을 벗어버리고 새 사람을 입으라(엡 4:22~23)고 권면한다. 거듭나면 새 사람이다. 새 사람이 되었다. 그럼에도 죄의 악한 영향력 아래에서 허덕이며 살 수 있다. 여전히 죄의 그늘 아래에서 허덕이며 고통을 겪는다. 주 예수님의 우주 통치를 보여주지 못하고 그분의 마음을 아프게 한다. 그 마음을 찢고 탄식하게 만드는 것이다. 새 사람을 입으라는 것은 새 사람으로서 새 사람다운 삶을 살라는 뜻이다. 이 말씀 앞에서 온전해지면 온전해질수록 당사자가 하늘의 생명을 풍성히 누리게 된다. 비록 현실에서 의를 구함으로 인해 세상으로부터 저항을 받고 핍박을 당하게 될 수도 있지만 내면에서는 하늘의 즐거움이 지속적으로 솟아난다. 인격적으로 연합된 주 예수 그리스도의 손에 붙들린 삶을 영위한다. 그분의 손을 꼭 붙잡고 어깨를 펴고 당당하게 살아가는 것이다.

6. 다른 복음에 해당되는 십일조 폐지

십일조 찬성론자들 중의 일부는 반대론자들에게 서슴지 않고 마귀라고 정죄한다. 문맥과 정황을 무시하고서는 성경에 십일조 하라고 되어 있고 예수님이 십일조 하라고 하셨는데 반대하기에 마귀라는 것이다. 교회의 선한 사업을 위해 교회 재정을 확보하려는 것을 방해한다고 생각하기 때문이다. 물질에 대한 바른 신앙 고백을 가로막기에 마귀라는 것이다. 잘못된 관점에 기초한 잘못된 열성이 빚어내는 참극이다. 너무나도 안타까운 참극이다.

십일조에는 모든 소득이 하나님께로부터 왔으며 모든 물질이 하나님의 것이라는 고백이 담겨있다. 십일조의 정신이라고 이야기된다. 그 정신 자체는 귀하고 아름답다. 그렇다고 십일조가 정당화되지 않는다. 사실 율법의 십일조에도 그 정신이 담겨있다. 그러한 정신이 담긴 십일조를 예수 그리스도께서 십자가와 부활을 통하여 온전하게 하셨다. 십일조를 온전하게 하셔서 교회에게 주셨다. 바울 사도가 말씀한 먹을 것 이상의 물질인 씨다.

율법의 십일조와 십일조를 온전하게 하신 먹을 것 이상의 물질인 씨. 율법의 십일조는 아무리 좋은 설명을 갖다 붙인다고 하더라도 다른 복음이다. 예수님의 구속사역을 약화시키거나 거부하는 행위이기 때문이다. 하나님의 경륜을 거부하는 행위이기 때문이다. 옛 언약에서 새 언약으로 옮기시고 새 언약만으로 살아가도록 하신 그분의 뜻을 거부하는 행위이다.

바울 사도는 다른 복음에 대해 천사라고 하더라도 그렇게 말한다면 저주를 받는다고 하셨다(갈 1:9). 십일조 요구는 다른 복음인데, 십일조를 강조함에 대해 하나님께서 저주하실 지에 대해서는 뭐라 말을 못하겠다. 나의 영역 밖이라고 생각한다. 다만 성경에서 이야기되고 있는 다른 복음의 의미에 십일조가 해당된다는 사실은 분명하다고 말할 뿐이다. 그 이후의 선택은 각자 자신들의 몫이다.

율법에는 안식년과 희년 규례가 있다. 안식년에는 땅을 경작하지 않고 그 이전의 소출로 한 해를 살아야 한다. 희년에는 땅을 경작하지 않을 뿐만 아니라 원래 주인에게 돌려주어야 한다. 안식년과 이어지는 희년, 두 해를 경작하지 않고 안식년 이전의 소출로 살아가야 한다. 많은 소출을 얻은 부자들은 가난한 이들을 위해 양식을 나누어야 한다. 이스라엘 백성들이 함께 살아갈 수 있다. 그런데 성경학자들은 이스라엘에서 희년 규례가 지켜지지 않았다고 본다. 충분히 이해가 된다. 부자라면 부자라서 그렇게 살고 싶지 않을 것이고 가난한 자는 가난해서 그렇게 살 수 없었을 것이다. 자신의 호주머니를 열어서 그 안의 재물을 내놓지 않으려고 하는 것은 지극히 당연하다. 그만큼 호주머니 안의 재물을 받아내기가 어렵다.

교회는 하나님 나라와 그 의를 구하도록 하나님의 부르심을 받은 사람들이다. 복음 전파에 힘을 쏟는다. 이 사회에서 복음을 드러내며 복음의 정신을 실천하여야 한다. 저절로 되지 않는 일이다. 많은 재정을 필요로 한다. 신자들의 호주머니를 열게 하여야 하고 그 안의 물질을 내놓게 만들어야 한다. 결코 쉽지 않은 일이다.

그런 상황에서 십일조는 최상이다. 교회 재정 확보에 너무나도 유익하다. 그러므로 십일조를 강조하는 것은 충분히 이해가 된다. 재정을 확보해서 나쁜 짓을 하려는 것도 아니다. 여러 방면의 신앙적인 일에 사용하려는 것이다. 더욱 정당성이 부여되는 것 같다. 그럼에도 불구하고 잘못이다. 하나님에 대한 온전한 신뢰에서 벗어난 잘못이다. 하나님 신뢰에는 하나님께서 원하시는 방식을 따르는 것이 내포되어 있다. 각각의 시대에 교회에게 원하시는 삶의 방식을 파악하고 따르는 것이 그분을 신뢰하는 모습이다. 이 시대에는 하나님께서 원하시는 재정 확보의 방식은 십일조가 아니다. 먹을 것 이상의 물질인 씨다. 성도들이 그 원리를 깊이 숙지하고 의의 열매를 거두기 위해 기꺼이 씨를 심도록 하는 방식이다. 십일조에 비하여 훨씬 복잡하고 너무나 어렵다. 이스라엘이 십일조는 그래도 했지만 안식년이나 희년 규례는 전혀 지키지 않은 것과 별반 다르지 않다. 강제성이 아닌 자발성에 의존하는 것은 언제나 큰 위험 부담을 가진다. 따르지 않을 가능성이 크기 때문이다. 그래서 강제성을 통하여 필요한 것을 확보하고자 하는 유혹을 받는다. 그 유혹을 떨쳐내기는 쉽지 않다. 현실이다. 얼마든지 공감이 된다. 그러나 유혹은 어디까지나 유혹이다. 악한 자가 하나님의 자녀를 넘어뜨리기 위해 사용하는 술수이다. 넘어가서는 안 된다. 하나님의 방식을 따라야 한다. 비록 그 과정이 쉽지 않고 어렵고 힘들더라도 하나님의 방식을 따라야 한다. 씨에 해당하는 부분을 잘 분별하고 의의 열매를 거두기 위해 심도록 하는 것이 하나님의 방식이다.

아담 언약, 노아 언약, 아브라함 언약, 모세 언약, 포로 회복 언약인 새 언약, 예수님께서 완전하게 하신 완성된 새 언약. 사람의 일생으로 생각하면 탄생기, 유아기, 소년기, 청소년기, 청년기, 장년기로 연결시킬 수 있다. 지금은 예수님께서 완전하게 하신 완성된 새 언약의 시대이다. 사람의 생애와 연관시키면 자신의 생에 대하여 전적으로 책임을 지는 장년이다. 물질 사용에 있어서 강제성을 완전히 없애시고 자발성을 부여하심은 장년에게 주신 복이다. 십일조는 편리성을 앞세워 그 복을 발로 걷어차는 것과 같다. 하나님께서 베푸시는 복을 겸손하게 받아야 한다. 철저하게 자발성에 의존하는 씨를 통한 재정 확보라는 복을 감사함으로 받아야 한다. 십일조는 하루 속히 폐지되어야 하는 것이다.

바울 사도는 율법 준수 요구를 종의 멍에를 메는 것으로 규정하였
다(갈 5:1). 그렇게 가르친 유대인 교사들에 대해 갈라디아 교회를 이
간 붙여 저희에 대해 열심 내게 하려 함이라(갈 4:17)고 경계하였다.
십일조도 종의 멍에이다. 또한 그것을 강조하는 이들에게 열심 내게
하려는 것이다. 십일조를 하면 물질적인 복을 받는다고 가르치는 이들
에게 온갖 좋은 것을 바치는 모습에서 확인된다. 목사를 잘 섬기면 복
을 받는다고 하면서 말이다.

교회 재정 확보에 있어서 두려워할 필요가 없다. 하나님께서 살아
계시며 역사하시기에 그분을 전적으로 의지하면 된다. 오히려 교회 재
정이 더욱 풍성해질 수도 있다. 성도들이 성경적인 재정 사용에 대해
공감하고 더욱 적극적으로 참여할 것이기 때문이다. 중요한 것은 십일
조를 고수하려는 것이 아니라 재정을 성경적인 원리에 맞게 사용하는
것이다.

십일조를 폐지한다고 교회가 허물어지지 않는다. 하나님의 살아
계심을 받아들이고 그분을 온전히 의지한다면 교회는 아름답게 세워질
것이다. 지금과는 다른 성경적인 모습으로 아름답게 세워질 것이다.

7. 자발적인 선택

예수님은 바리새인과 서기관들에게 하나님의 계명은 버리고 사
람의 유전을 지킨다(막 7:8)고 책망하셨다. 여기에서 하나님의 계명이

란 법조문으로 된 계명의 율법을 가리킨다. 그들은 하나님께서 의도와는 다르게 율법을 이해한 조상들의 가르침을 따라야 한다고 했다. 복음서의 다른 곳에서는 장로들의 유전이라고 표현되어 있다(마 15:2, 막 7:3).

하나님께서 의도하신 바와는 다르게 말씀을 이해하고 하나님의 백성들이 따르도록 한 장로들의 유전은 교회 역사에서도 확인된다. 중세 시대의 로마가톨릭의 행태가 그렇다. 종교개혁은 그 시점에서의 장로들의 유전에 대한 저항이었다. 오늘날도 그런 일은 얼마든지 반복될 수 있다. 항상 깨어있어야 하는 이유이다. 말씀을 통해 하나님께서 그 백성들에게 전하는 바와는 다른 내용을 하나님의 말씀이라고 하는 모든 것이 장로들의 유전에 해당된다. 오늘날의 교회가 십일조를 하여야 한다는 것은 정확하게 여기에 부합된다. 법조문으로 된 계명이 율법의 한 조항인 십일조가 예수님에 의해 완전하게 되었음에도 여전히 십일조를 요구하고 있다. 여러 가지 이유를 제시하면서 그것을 정당화하려고 하지만 하나님 앞에서 정당화될 수 없다. 장로들의 유전일 뿐이다.

바울 사도는 법조문으로 된 계명의 율법을 이방인 그리스도인들에게 삶의 원리로 제시하는 것에 대해 다른 복음이라며 천사라고 하더라도 저주를 받을 것이라고 말씀했다. 오늘날 십일조를 준수하여야 한다는 주장은 정확하게 다른 복음에 해당된다. 십일조를 요구하는 이들이 저주를 받는가? 그것은 어떤 내용인가? 뭐라고 말하기 어렵다. 그럼에도 다른 복음을 전하면 저주를 받는다는 말씀이 약화되지 않는다. 이로 인해 경각심을 가져야 한다. 다른 복음을 전하는 이의 가르침을 따르는 것은 어떻게 생각하여야 하는가? 전하는 자와 별다른 차이가 없을 가능성이 높다.

하나님의 말씀을 따를 것인가 아니면 장로들의 유전을 따를 것인가? 법조문을 된 계명의 율법의 한 조항인 십일조를 하지 않는 것은 하나님의 말씀을 따르는 것이다. 십일조에 관한 한 유럽 교회의 모습이 여기에 해당된다. 반면에 십일조를 하는 것은 아무리 좋은 설명을 갖다 붙인다고 하더라도 장로들의 유전을 따르는 것이다. 미국과 한국 교회의 모습이 여기에 해당된다.

이제 신자들은 선택하여야 한다. 그 선택은 자신의 몫이며 그 선택에 대한 책임도 자신의 몫이다. 익숙한 대로 반복하든지 아니면 물질적인 복에 대한 기대 때문이든지 아니면 하나님의 것(?)을 도적질할 수 없다는 생각으로 따르든지 그것은 장로들의 유전을 따르는 것이다. 하나님의 말씀을 따라야 한다. 자발적으로 십일조를 하지 않는 것이 하나님의 말씀을 따르는 것이다. 이제까지 익숙한 바와의 결별이어서 불안할 수 있다. 그렇지만 그 불안을 극복하여야 한다. 하나님을 의지하면 그 불안을 극복할 수 있다. 이제까지 세뇌된 내용으로 인해 하나님의 것을 도적질하는 것은 아닌지 염려될 수도 있다. 결코 염려하지 않아도 된다. 하나님께서 절대로 그렇게 생각하시지 않기 때문이다. 혹시라도 경제적으로 어려움을 겪진 않을까 걱정될 수도 있다. 실제로 십일조를 하지 않은 이후에 그 이전보다 경제적으로 더 못한 상황이 닥칠 수도 있다. 그렇지만 그것은 하나님께로부터 온 것이 아니다. 마귀가 신자로 하여금 장로들의 유전에 묶기 위해 역사한 것일 뿐이다.

그러한 마귀의 역사에 굴복하지 말고 하나님의 말씀을 선택하고 따라야 한다. 자발적으로 십일조를 하지 않고 먹을 것 이상의 물질인 씨를 의의 열매를 거두기 위하여 사용하는 것이다. 개인에 따라 십분의 일일 수도 있고 십분의 구일 수도 있다. 경우에 따라서는 씨로 활용할 수 있는 물질이 없어 의의 열매를 거두기 위해 심는 것 자체가 불가능할 수도 있다. 기꺼이 도움을 받으면서 그 안에서 자유를 누리면 된다. 상황이 달라지면 씨를 구분하고 의의 열매를 거두기 위해 심으면 되는 것이다.

예수님은 부활하신 후에 제자들을 만나 모든 족속으로 제자를 삼으라고 명령하셨다(마 28:19~20). 가고 세례를 주고 지키도록 가르치는 것을 통해 이루어지는 지상명령이다. 신자에게는 지키도록 가르치는 것이 해당된다. 예수님께서 분부한 모든 것을 지키도록 가르치는 것이다. 한 번 가르치면 그것을 지키면 최상이지만 그런 일은 거의 없다. 두 번, 세 번, 열 번, 백 번을 가르쳐야 할 수도 있다. 예수님께서 분부한 모든 것이 생활이 되고 인격이 되도록 가르쳐야 한다. 십일조에 관해서도 마찬가지이다. 십일조의 완성인 먹을 것 이상의 물질인 씨를 의의 열매를 거두기 위해 심는 것이 생활이 되고 인격이 되도록 가르쳐야 하고 배워야 한다. 한국 교회의 상황에서는 쉽지 않다. 이제까지 잘못된 전통을 따라 지내왔기 때문이다. 장로들의 유전을 더 좋아하는 교회지도자들이 성경의 가르침에 저항하며 여전히 그 유전을 고수하려고 할 것이기 때문이다. 현실적인 상황을 말씀의 원리보다 더 앞세우며 중시하는 교회지도자들의 문제는 교회 역사에서 지금까지 지속되었던 일이다.

"목사님, 많이 어려우시겠네요.""목사님, 다칠 수 있으시겠는데요." 십일조에 관한 글을 정리하는 나를 염려하며 주위에서 하는 말들이다. 그 염려가 실제라는 생각이 들지만 그것으로 인해 하나님의 말씀 전파를 포기할 수는 없는 노릇이다. 내게는 하나님과 사람 곧 종교지도자 사이에서 어느 쪽을 선택하는 것이기 때문이다. 나는 하나님을 선택하고 그분의 말씀을 선택한다. 현재적으로 하나님을 의지하는 것 믿음이면서 순종이다. 이 글을 읽는 모든 신자들도 그와 같은 자리로 나아가기를 바란다.

종교지도자들이 어떤 방식으로 말하든지 간에 십일조는 하나님 앞에서 정당하지 않다. 잘못된 것이다. 그것을 인정하지 않더라도 불변이다. 그것을 인정하면서도 현실을 앞세워 포기하지 않더라도 마찬가지이다. 신자는 십일조를 옹호하는 그 어떤 주장에도 흔들리거나 동조하지 않아야 한다. 하나님과의 관계에 관한 것이기 때문이다. 하나님의 말씀에 부합되는 것이 밝혀지면 종교지도자들이 뭐라고 하든지 간에 실천하는 것이 필요하다. 사람이 아니라 하나님을 바라보고 즉각적으로 행동에 옮기는 것이 중요하다. 그로 인해 종교지도자들로부터 핍박을 받게 된다면 기뻐하고 즐거워하면 된다. 의를 위하여 핍박을 받는 것이기 때문이다. 하나님 앞에 섰을 때에 천국을 소유하는 열매를 맺을 것이다. "복되도다 의를 위하여 핍박을 받은 자여, 천국이 너희 것이니라."

8. 교회 개혁

율법과 관련하여서 율법론자라는 비방과 율법폐기론자라는 정죄가 난무하고 있다. 율법에 대해 한쪽으로 치우친 이해를 가지고 상대방을 비방하고 있다. 예수 그리스도 안에서 옛 언약의 율법은 온전하게 되어 폐기되었다. 새 언약의 율법이 주어졌다. 새 언약의 율법을 잘이해하여야 한다. 대강령은 예수님처럼 하나님을 사랑하고 예수님이 우리를 사랑하신 것과 같이 지체들을 사랑하는 것이다. 그 사랑을 바탕으로 예수님을 모르는 이들에게로 나아가서 사랑하여야 한다. 율법에서의 사랑이 온전하게 된 것이다.

십일조도 예수 그리스도 안에서 온전하게 되었다. 먹을 것 이상의 물질인 씨다. 온전하게 된 것이 주어졌기에 온전하게 되기 이전의 십일조는 폐기되었다. 그것을 인간적인 생각과 필요를 앞세워 되살리는 것은 하나님 앞에서 악행이다. 다른 복음인 것이다.

한국 교회는 재물의 신인 맘몬 숭배에 빠져있다고 말할 수 있다. 하나님과 맘몬을 동시에 섬기고 있는 상황이다. 하나님께서 가장 미워하시는 혼합주의이다. 율법의 십일조 고수가 다른 복음이라는 사실을 밝혔는데도 여전히 십일조를 고수하는 모습에서 확인할 수 있다. 천사라고 하더라도 저주를 받을 것이라고 이야기된 다른 복음에 해당됨에도 포기하지 않는다. 맘몬 숭배에 빠져 있지 않다면 당연히 포기하겠지만 맘몬 숭배에 빠져 있기에 포기하지 않는 것이다. 포기할 수 없는 것이다.

맘몬 숭배는 꼭 맘몬을 숭배하겠다는 의지를 가지고 실행하는 경우에만 해당되지 않는다. 부지불식간에도 얼마든지 가능하다. 정말 좋은 마음으로 십일조를 강조하고 그것을 바르게 사용하는 경우에도 맘몬 숭배일 수 있다. 성경의 가르침과 다른 생각 곧 신약 교회라고 하더라도 십일조 자체는 잘못되지 않았다는 생각에 사로잡혀 십일조를 요구하는 것은 부지불식간에 맘몬 숭배에 빠진 모습이라고 할 수 있다. 그렇게 잘못된 생각은 십일조를 받아 교회 재정을 운용하는 현실을 당연하게 받아들이게 된다. 재정 운용에 마음이 사로잡혀 십일조를 포기하지 못하게 된다. 십일조를 폐기하면 교회 재정 운용에 어려움이 생길 것이라는 두려움으로 포기하지 못하는 것이다. 맘몬 숭배이다.

맘몬 숭배는 성경의 가르침과 전혀 다른 모습을 유지시키는 역할을 하고 있다. 몇 천억원을 들여서 예배당을 건축하는 것은 성경의 가르침과 전혀 다른 잘못된 모습이다. 그것을 위해서 빚을 지고 이자를 부담하기까지 한다면 명백하게 하나님 앞에서 악행이다. 그런데 거리낌이 없이 그것을 행한다. 십일조를 받아서 재정 확보가 가능하기 때문이다. 돈이 넘치다보니 신학적으로 명백하게 잘못된 모습임에도 당당하게 추구하고 있다.

교회 개혁이 절실하다. 현실 교회의 모습을 성경의 가르침에 담긴 원리에 근거하여 바르게 평가하여야 한다. 바른 모습에 대해서는 더욱 풍성하게 만들어가야 할 것이다. 잘못된 모습에 대해서는 즉각적으로 고쳐야 한다. 개혁된 교회는 개혁되어야 한다는 명제는 중단 없이 추구되어야 한다. 십일조 폐기는 개혁되는 교회라면 너무나도 당연하다.

하나님을 두려워하는 교회라면 지극히 당연하다.

물질 사용의 온전한 원리를 실천하는 것이 중요하다. 성경의 가르침을 바르게 이해하여 유럽 교회와 같이 십일조라는 헌금 항목이 사라져야 한다. 유럽 교회가 많은 면에서 안타까운 모습을 가지고 있지만 십일조에 있어서는 한국 교회가 배워야 한다.

한국 교회가 다른 재정 사용을 최소한으로 하고 구제에 최대한으로 힘을 쏟는다면 한국 교회의 선한 인지도를 높이는 데에 매우 유익할 것이다. 사회적으로 국가적으로 복음화를 이루는데 훨씬 강한 탄력을 받게 될 것이다. 씨와 먹을 것이라는 신약의 물질 사용 원리를 따른다면 하나님의 긍휼하심 안에서 그 열매를 따먹게 될 것이다. 그날이 하루 속히 우리 앞에 임하기를 기대한다. 하나님, 저희를 긍휼히 여겨 주옵소서. 아멘.

교회는 이론과 실천이라는 면에서 각각 개혁이 일어나야 한다. 교회다운 교회를 세우기 위해서는 이론과 실천이 모두 중요하다. 이론은 실천의 기초로서 의미가 있다. 실천은 이론에서 끝내지 않고 실질적인 열매를 맺는 길로서 의미가 있다. 아무리 멋있게 포장되어 있더라도 장로들의 유전에 해당되는 이론과 그 이론에 기초한 실천에서 벗어나야 한다. 교회 개혁이다.

이론을 성경적으로 바르고 굳건하게 세우는 작업이 신학이다. 신학은 교회를 교회답게 세움에 있어서 너무나도 중요하다. 잘못된 신학은 어떤 형태로든지 교회를 약화시키는 역할을 한다. 바른 신학을 정립하여야 한다.

교회 개혁은 절실하며 시급하다. 중병에 걸린 어머니와 같은 교회가 되살아날 수 있는 유일한 길이다. 배교한 것과 다르지 않은 교회가 되지 않아야 한다. 성경의 원리와 다름에도 인간적인 관점으로 좋게 여겨지는 바를 도입한 모든 장로들의 유전을 찾고 벗어나야 한다. 예를 들어 그리스도인은 술 마시지 않고 담배 피지 않는 사람이라고 인식되는 것도 장로들의 유전의 결과이다. 술 마시지 않고 담배 피지 않는 것이 정신이나 몸의 건강에 좋다는 것과 그것을 금지하는 것은 전혀 별개의 사안이다. 그것들은 절제의 사안이지 금지의 사안이 아니다. 십일조도 장로들의 유전이다. 십일조가 없어지는 개혁을 시초로 교회내의 장로들의 유전들을 없애는 개혁이 이루어지기를 바란다. 하늘 영광으로 가득한 영광스러운 교회로 회복되는 출발점이 되기를 소망한다.

이 일에 평신도[11]가 주체적으로 움직여야 한다. 성경의 가르침에 입각하여 잘못되었음이 밝혀지면 말씀사역자를 바라볼 필요가 없이 생각과 말과 행동을 즉각적으로 바꾸는 것이다. 십일조가 다른 복음에 해당된다는 것에 동의가 된다면 즉각적으로 십일조를 하지 않는 것이다. 그리고 말씀사역자에게 그것을 요구하지 않기를 요청할 수 있어야 한다. 하나님을 의지함으로 가지게 되는 용기이다. 그 과정에서 연합할 필요가 있다. 같은 생각을 가진 지체들과 연합하여 함께 그 일을 수

---

11) 평신도라는 표현의 유래를 생각할 때에 성경적이지 않다고 생각한다. 다만 말씀사역자가 아닌 신자들을 가리키는 한 표현으로 사용한다면 그나마 잘못이 아니라고 생각한다.

행하는 것이다.

수천억 원을 들여 예배당을 짓는 것은 하나님 앞에 범죄이다. 성경에서 제시되는 물질 사용의 용례를 살피면 이는 너무나 분명하다. 예배당을 건축하며 성전 건축이라고 말하는데, 이는 완전히 잘못된 것이다. 구약의 성전은 오늘날의 예배당과 아무런 상관이 없다. 성전은 오늘날의 믿는 사람 곧 하나님의 부르심을 받은 사람들인 교회와 연결되지 건물과는 아무런 상관이 없다. 교회의 물질은 사람들을 위하여 사용하여야 한다. 아무런 생명력이 없는 돌들을 쌓는 것에는 최소한으로 사용하여야 한다. 정말 어쩔 수 없는 상황에 최소한으로 사용하여야 한다. 지역교회의 지체수가 너무 많아져서 건축을 하지 않을 수 없다는 주장은 여기에 해당되지 않는다. 지역교회를 분리하면 되기 때문이다. 교회의 물질은 사람 자체를 위하여 사용하여야 한다. 교회가 돌보아야 할 사람이 그렇게도 많은데 건물에 교회의 물질을 쏟는 것은 범죄이다. 건물을 위하여 은행에 엄청난 액수의 돈을 대출받고 그 이자를 지불하는 것은 하나님 앞에서 엄청난 범죄이다. 수천억 원의 예배당을 건축하는 것은 목회자의 인간적인 자기 과시의 결과물이라고 보면 크게 틀리지 않는다. 어떤 설명을 갖다 붙이든지 간에 말이다. 큰 예배당을 가지고 있다는 것에 자부심을 느끼는 잘못된 의식의 장로와 신자들이 동조한 결과이다. 그 범죄에 십일조가 사용되고 있다. 범죄에 동참하는 것이다. 벗어나야 한다. 십일조를 하지 않는다면 그러한 범죄를 막는 한 방법이 될 것이다.

말씀사역자들을 통한 개혁은 참으로 어렵다고 여겨진다. 그들은 전통을 성경의 가르침보다 훨씬 중요하게 생각한다. 성경의 가르침이 어떠하든지 지금까지 지속된 전통을 고수하는 데에 더 비중을 둔다. 이론과 실천에 있어서 별반 다르지 않다. 전통의 틀을 벗어나려고 하지 않는다. 전통의 틀을 벗어나면 그로 인해 어떤 형태로든지 불이익을 당할 수 있기 때문이다. 전통이 무조건 옳다고 생각하는 기득권 세력에 의해서 말이다. 그냥 전통 안에서 안전을 추구한다. 그 세계는 평신도들의 세계보다 훨씬 닫혀 있기에 그들에게 개혁을 기대하기는 너무나 요원하다.

나는 몸으로 그 사실을 체험하고 있다. 예를 들어 부록의 글을 읽으면 그 내용에 동의하기가 그렇게 어렵지 않을 것이다. 그런데 말씀사역자들은 어떻게든지 거부하려고 한다. 수용하는 경우에는 목회 현장에서 실천하지 않는다. 말씀사역자들의 한계라는 생각을 한다. 그 한계를 깨뜨릴 수 있는 이들이 평신도들이다. 평신도들이 주체적으로 성경적인 원리를 수용하고 실천하면 말씀사역자들이 뒤따라 올 것이다. 물론 그 과정에서 평신도들이 어려움을 겪을 수도 있지만 포기하지 않으면 선한 결실을 맺게 될 것이다.

9. 사회 진보

바울 사도는 당대의 로마교회에게 위에 있는 권세에 굴복하라고 권면하였다(롬 13:1). 그 권면이 이 시대에는 어떤 의미일까? 지금의 박근혜 대통령을 하나님께서 기름 부으신 종으로 생각하고 그를 따라야 한다는 의미일까? 그때는 전제군주에 의해 땅에서 권세를 결정하고 행하던 시대이다. 왕의 말은 곧 법이었다. 오늘날은 전제군주국이 아예 존재하지 않는다. 대부분 민주주의 국가이다. 행정, 사법, 입법의 삼권이 분리되어 있고 각각의 수반이 있다. 그들의 권세는 국가의 헌법에 따른다. 고대 세계에서는 왕의 말이 곧 법이었지만 현대에는 헌법이 별도로 존재하고 모든 공권력은 그것에 의해 결정된다. 권세에 굴복하라는 말은 오늘날 법을 지키며 살아야 한다는 것이다. 신자는 하나님의 나라의 백성이면서 국민으로서 법을 준수함으로 존경을 나타내어야 한다.

대한민국의 헌법에는 추구하여야 할 가치로서 자유, 평등, 평화, 정의, 인권, 복지, 생태를 제시하고 있다. 각각은 성경에서 추구되고 있는 가치이다. 하나님께서는 각 시대에서 그 시대의 사람들이 추구하는 정도보다 한 단계 더 나은 정도를 제시하시며 그분의 백성들에게 순종을 요구하셨다. 노예 제도가 존재하는 시대에는 그 자체를 거부하지 않으시면서 인간의 존엄성을 존중하고 신앙 안에서 형제로 살아야 할 것을 요구하신 것과 같다. 여자와 아이들을 배척하던 시대에 그들을 존중하며 교회의 의사 결정에 참여하도록 하신 것도 마찬가지이다. 각 가치들을 그 시대에서 추구하는 정도보다 더 나은 모습으로 이끄는 것이 하나님의 원하시는 바였던 것이다. 오늘날도 마찬가지이다. 교회는 헌법을 준수하여야 한다. 헌법에 제시된 그 가치들을 현실에서 더 온전하게 하는 역할을 하여야 한다. 헌법을 바르게 이해하고 그대로 유지하려고만 하는 보수가 아니라 더 나은 사회를 바라보며 온전하게 하는 진보이어야 하는 것이다. 대한민국의 자칭 보수는 헌법과 그 가치를 준수하지 않는다. 자신들의 기득권을 위해 서슴지 않고 헌법을 어기고 그 가치를 저버린다. 수구이다. 안타깝게도 한국의 보수개신교가 거의 여기에 해당된다. 보수라는 타이틀을 달고 있지만 보수가 아니라 수구이다. 이 사회에서 하나님의 뜻을 실현하는 것이 아니라 그분의 뜻을 가로막는 역할을 하고 있다.

교회는 하나님 나라와 그 의를 구하여야 한다. 여러 방식으로 설명할 수 있지만 한 가지가 위에 언급된 가치들을 현재보다 더 온전하게 하는 것이다.

이전의 이명박 정부는 그런 면에서 최악이었다. BBK 사건, 4대강 사업, 천안함 사건 왜곡, 부자 감세, 친 재벌 정책, 한미 FTA, 민간인 사찰, 강정 마을 해군 기지 건설, 구럼비 파괴, 언론 장악, 경직된 대북 정책 등 열거할 수 없을 정도이다. 어렵게 이룬 정치 민주화를 단번에 독재 정권 시절로 회귀시켰다. 그 바탕에 맘몬 숭배가 있다. 국민의 탐욕을 충족시킨다는 것을 명분으로 삼고 있다.

그리스도인이라면 잘 분별하고 잘못된 모습에 대해 비판하고 거부하며 분노하여야 한다. 그런데 보수 기독교인들은 적극적으로 지지하였다. 한번 생각을 해보자. 예수님께서 지금 이 시대에 사신다면 어떻게 하셨을 지를 생각해 보자. 이명박 대통령이나 지지자들 또는 박근혜 대통령이나 지지자들은 예수님도 지지하시리라고 생각하겠지만 나는 아니다. 내가 읽는 성경에서 보는 예수님은 전혀 아니다. 자유,

평등, 평화, 정의, 인권, 복지, 생태라는 가치를 온전하게 하시려는 분이다. 하나님을 모르는 사람들이 추구하는 것보다 더 온전하게 하시고자 하실 것이다. 예수님이 박근혜 정부를 지지하시리라는 것은 상상조차 두렵다. 그분을 망령되게 일컫는 일이다. 그런데 보수 그리스도인들은 박근혜 대통령을 지지하고 있다. 예수님을 주님으로 받아들이지 않는다는 것과 같다. 생각과 말로는 주님이라고 하지만 몸으로는 주님이 아니라고 표출하고 있는 것이다. 얼마나 두려운 일인가.

왜 이런 일이 일어나는가? 잘못된 정보를 통한 세뇌와 과도한 반공 사상이 큰 역할을 하였다고 생각한다. 친일부역자들에게 의해 형성된 근대사를 비판 의식 없이 듣고 수용하였다. 친일부역자들이 지배하고 있는 언론과 방송에 의해 왜곡된 정보를 지속적으로 제공받았다. 조선일보, 중앙일보, 동아일보는 대표적이다. 우리는 북조선과 대치하고 있다. 세계 유일의 분단국가이다. 북조선은 여전히 적화통일을 기조로 국가가 운영되고 있다. 우리에게 반공은 지극히 당연하다. 신앙적이다. 문제는 과도한 반공이다. 반공이데올로기를 이용하여 헌법에 제시된 민주주의의 가치들을 허무는 것이다. 이승만, 박정희, 전두환, 노태우, 이명박, 박근혜 대통령은 대표적이다. 특히 박정희는 가장 강력한 독재자였다. 민주주의를 위해 노력한 수많은 사람들을 빨갱이로 몰아 핍박하고 죽였다. 기득권을 지키기 위해 아무렇지도 않게 헌법을 유린했다. 그리스도인들은 잘못된 정보를 통한 세뇌와 과도한 반공 사상에 더 이상 휘둘리지 않아야 한다. 바르고 정확한 정보를 숙지하고 적절한 반공 사상에 토대로 둔 민족 화합을 추구하여야 한다.

박근혜 대통령은 국민과의 소통에는 전혀 관심이 없다. 오직 자신의 세계 안에서 공주 행세를 하고 있을 뿐이다. 그녀가 어떻게 대통령이 될 수 있었는가? 한 지체가 대화중에 "국정원이 이명박 전 대통령의 지시로 선거에 개입하였으며 박근혜 대통령이 잘못된 일로 인정하고 책임자를 처벌하면 될 텐데도 그렇게 하지 않는 것이 안타깝다"고 말하였다. 대부분의 신자들 나아가 국민들도 그렇게 생각할 것이라고 여겨진다. 그러한 생각에는 부정 선거의 심각성에 대한 의식이 없다고 할 수 있다. 부정 선거였지만 성공했으니 잘못되었다고 하고 그 결과를 누리면 된다는 것이다. 미국과 같은 곳에서 그러한 일이 발생했다면 벌써 대통령직에서 물러나야 했는데도 말이다. 이 일에 가장 분노하여야 할 이들이 기독교인들이다. 하나님께서 인간 사회에 원하시는 정의를 저버린 것이기 때문이다. 그럼에도 보수 기독교인들은 아무런 문제의식이 없다. 오직 잘 먹고 잘 살게 되도록 해주기만을 바라고 있다. 대다수의 국민과 같이 말이다.

오늘날 개신교회를 향한 사회의 비난은 너무나도 심각하다. 개독교, 꼴통 보수, 꼴통 수구 등의 비난과 조롱은 심각한 수준이다. 성경에서 강조하는 바와는 달리 기득권 세력으로 자리매김을 한 결과이다. 깨어 있는 민주시민으로서의 의식이 거의 없다. 조중동과 거의 비슷한 의식 수준을 가지고 있다. 비난과 조롱은 자초한 것이라고 할 수 있다. 그 맛을 잃어 밖에 버려지고 세상 사람들에게 밟히고 있는 것과 같다.

바뀌어야 한다. 깨어있는 민주시민 의식을 갖추고 정치가 제 역할을 하도록 감시하여야 한다. 물질적 결핍, 불합리한 제도, 낡은 의식으로 인한 억압에서 사람을 해방시키는 일을 하도록 촉구하여야 한다. 구조적 악에 의해 국민이 억압당하고 고통을 겪는다. 국가는 구조적 악을 행하거나 아니면 해소하는 주체가 될 수 있다. 개신교회는 국가가 구조적 악을 해소하는 주체로서 그 역할을 감당하도록 도와야 한다. 경제에 있어서 정의가 실현되고 부의 분배가 제대로 이루어지도록 경제 민주화에 일조하여야 한다. 부를 권력으로 삼아 철저하게 이권을 추구하는 재벌들에게 자발적으로 복종하는 자리에서 벗어나야 한다. 삼성전자에서 근무하다가 백혈병 등으로 죽는 노동자들이 많은데, 회사는 철저하게 책임을 회피하고 있다. 삼성물산은 이익을 위해 강정마을에 진입하고 구럼비를 파괴하려고 한다. 그러한 악행을 바로잡기 위해 앞서서 활동하는 시민 단체 지원과 적극적인 불매 운동을 통해 환경을 만들어가야 한다. 경제민주화가 이루어지도록 일선에 서서 적극적으로 뛰어야 한다.

개신교회 내에 자리를 잡고 부정적인 영향력을 행사하는 이들을 걸러내야 한다. 김홍도, 김성광, 전광훈, 서경석 목사 등이 대표적이다. 그릇된 방향으로 열성적인 분들이다. 그들의 주장을 따르면서 비난과 조롱에서 벗어날 수는 없다. 한국기독교총연합회도 마찬가지이다. 기득권 세력 총연합회라고 이야기되는 이들을 따르면서 사회의 소금과 빛으로서 그 역할을 감당할 수는 없다.

혹시라도 예수님은 사회 참여를 하지 않았다면서 회의적인 이들이 있을 수 있다. 표면적으로 예수님은 사회 참여를 하지 않았음은 분명하다. 그렇지만 그것이 오늘날 사회 참여에 대한 거부 명분이 될 수는 없다. 예수님은 그 당시의 노예 제도에 대해 반대하지 않았다. 그렇다면 노예 제도를 반대하는 오늘날 교회는 잘못된 것인가? 전혀 아니다. 예수님 당대와 지금은 다르다. 예수님은 2000여 년 전의 사람들과 함께 사시면서 그 시대에 맞는 방식으로 하나님 나라와 그 의를 구하셨다. 오늘날의 교회는 이 시대에 맞는 방식으로 하나님 나라와 의를 구하여야 한다. 자유, 평등, 평화, 정의, 인권, 복지, 생태라는 가치에 입각하여 잘못된 것을 거부하여야 한다. 부정과 불의에 침묵함으로 동조할 것이 아니라 분노하여야 한다. 바로잡기 위해 할 수 있는 최선을 다하여야 한다. 물론 그 방식은 하나님 없는 사람들과 달라야 할 것이다. 비폭력, 무저항의 저항이어야 한다고 생각한다.

시민 정치 운동에 함께 활동하는 이들은 보수 개신교회에 매우 부정적인 이들이다. 적극적으로 말하지는 않더라도 개신교회를 개독교라고 생각하고 신자들을 수구 꼴통이라고 생각하는 이들이다. 그들과 대화하며 기독교회의 추구하여야 내용으로 위의 내용을 설명한다. 한 사람도 예외 없이 수긍한다. 그렇다면 개신교회에 대한 거부감을 해소할 수 있겠다고 말한다. 신 존재는 수용하지 않더라도 말이다.

하나님은 모든 사람이 구원을 받으며 진리를 아는 데에 이르기를 원하신다(딤전 2:4). 하나님과의 관계가 회복되어 회복된 하나님의 형상으로서 그분과 사랑하며 그 사랑으로 서로 사랑하고 자연을 바르게 다스리기를 원하신다. 복음을 바르게 전하고 복음을 바르게 보여주어야만 가능하다. 십일조 폐지를 통하여 맘몬에 사로잡힌 개신교회의 개혁 그리고 물신주의에 찌든 사회를 일깨우고 바른 가치들을 온전하게 하는 교회로 거듭나게 되기를 바란다. 세상의 소금으로서 제 역할을 감당하고 빛으로서 하나님의 영광을 반영하는 교회로 세워져야 한다.[12]

자유, 평등, 평화, 정의, 인권, 복지, 생태라는 가치를 현재보다 더 온전하게 하는 데에 긍정적인 역할을 하여야 한다. 하늘 영광으로 가득한 영광스러운 교회가 되어 하나님께 온전한 기쁨이 되어야 한다. 하늘 생명을 바르고 풍성하게 누리며 참된 만족 가운데 감사와 즐거움으로 충만한 신자들이 많아지기를 간절하게 소망한다.

---

12) 『닫힌 성경 열기』에서 진보적 삶이라는 주제로 상세하게 다루었다. 305~319쪽이다.

부록
쉽고 명쾌한 한 구원론

들어가면서

● 모순이 되는 설명

로마서는 행위로 의롭다함을 얻지 못하고 믿음으로 의롭다함을 얻는다고 말씀합니다(롬 3:28). 야고보서는 믿음으로만 아니라 행함으로 의롭다함을 얻는다고 말씀합니다(약 2:24). 두 진술은 어떻게 설명하든지 간에 모순입니다. 일반적으로 행위는 믿음의 열매라는 말로 설명합니다. 참 믿음은 행위가 뒤따른다는 것입니다. 그 설명을 로마서와 야고보서에 대입해 보겠습니다. 로마서는 믿음의 열매인 행위로 의롭다함을 얻지 못하고 믿음으로 의롭다함을 얻는다고 말씀한 것이 됩니다. 야고보서는 믿음으로만 아니라 믿음의 열매인 행함으로 의롭다함을 얻는다고 말씀한 것이 됩니다. 역시나 모순입니다.

그렇다면 성경이 하나님의 감동으로 기록되었다는 진술은 분명히 잘못된 것입니다. 내용적으로 모순을 담고 있는데도 영감된 하나님의 말씀이라고 할 수는 없기 때문입니다.

성도들은 그 설명이 모순이 되는 것을 알아도 모른 척합니다. 달리 대안이 없기 때문입니다. 대부분은 그 설명도 여전히 모순이라는 사실을 모릅니다. 일반 학문의 세계에서는 그렇게 똑똑한 이들도 신앙 세계에 들어오면 이렇게 간단한 것도 알아채지 못합니다. 신기한 일입니다. 이단들을 보면 "어떻게 저런 설명을 그대로 따를까"라는 의문이 들 때가 있습니다. 그런데 정통 기독교에서도 이 부분에서는 오십보백보라는 생각이 듭니다.

그뿐 아니라 참 믿음은 행위가 뒤따른다고 주장 자체도 문제가 있습니다. 여기에서 믿음은 예수님을 그리스도로 진실하게 영접한 것을 가리킵니다. 이 글을 읽는 모든 분들은 자신이 그와 같다고 생각할 것입니다. 그렇다면 행위가 뒤따라야 합니다. 교회, 가정, 사회생활에서 하나님의 뜻을 따르는 삶에 온전하여야 합니다. 그렇지만 과연 그렇습니까? 아닙니다. 영역에 따라서 또는 사안에 따라서 그런 부분이 있는 반면에 그렇지 못한 부분도 있을 것입니다. 이는 예수님을 그리스도로 진실하게 영접하였다면 행위가 뒤따르는 논리가 옳지 않다는 반증입니다. 행위가 뒤따를 수도 있고 뒤따르지 않을 수도 있습니다.

● 어느 것이 좋으세요?

전제 : 하나님의 은혜 안에서 어떤 사람이 예수님을 그리스도로 믿어 하나님의 자녀가 됩니다. 하나님께서는 그에게 육체의 소욕을 거

스르는 성령의 역사의 은혜를 지속적으로 펼치십니다.

① 하나님은 그 은혜 안에서 그 자녀가 반드시 영원한 구원을 얻게 하십니다.

② 하나님은 그 은혜 안에서 그 자녀가 그분의 말씀을 얼마나 잘 따르는가와 연관하여 영원한 구원을 결정하십니다.

어느 것이 좋으세요? 어떤 말이 마음에 드세요? 어떤 말을 듣고 싶으세요? 저의 경우에는 1번입니다. 여러분은요? 아마도 1번일 것이라고 생각합니다. 성경의 진술은 어느 것일까요?

구약 성경에는 참 선지자와 거짓 선지자가 나옵니다. 성경은 그 둘이 윤리적으로 차이가 있었는가에 대해 아무런 언급이 없습니다. 율법 준수에 있어서 어떤 차이가 있었느냐에 대해서도 마찬가집니다. 백성들에게 율법 준수를 요구함에 있어서 어떤 차이가 있었다는 진술도 없습니다. 그런데 왜 그렇게 나뉘었을까요?

오직 하나입니다. 하나님의 말씀을 지키지 않는 하나님의 백성에 대해 하나님께서 멸망의 심판을 행하시느냐 행하지 않으시느냐에 대한 생각 차이와 그것을 백성들에게 말한 차이입니다. 거짓 선지자는 1번을 말하였습니다. 참 선지자는 2번을 말하였습니다. 불순종하는 이스라엘에 대해 하나님의 심판으로 멸망한다는 것은 2번에 해당됩니다. 이스라엘 백성들은 1번을 듣기 원했고 그것을 말하는 거짓 선지자들을 따랐으며 참 선지자를 핍박하고 죽이는 일에 동참했습니다.

과연 오늘날은 어떤가요? 여러분과 구약 시대의 이스라엘 백성들과는 어떤 다른 점이 있습니까? 참 선지자를 물리치고 거짓 선지자를 따른 이스라엘 백성들과 여러분은 어떤 다른 점이 있습니까?

● **한 목회자와의 대화**

한 목회자가 양과 염소의 비유(마 25:31~46)를 본문으로 한 설교의 한 부분입니다. "구원은 오직 믿음으로 받습니다. 오직 믿음으로만 받습니다." "재림 때에는 예수님께서 행위를 평하십니다." 이 설명에 한 성도는 의문표를 붙였습니다. 평한 내용이 창세로부터 예비된 나라를 상속받는 것이고 그것은 구원이기에 행위로 구원이 결정되는 것이 되기 때문입니다. 질문을 하니 "예비된 나라를 상속받은 것이 구원은 맞는데, 행위로 구원이 결정되는 것은 아닙니다. 성경 전체의 내용을 볼 때에 구원은 믿음으로만 받습니다"라고 대답합니다. "행위로 예비된 나라를 상속받는 것이 결정되고 예비된 나라를 상속받는 것이 구원이 맞는데, 행위로 구원을 받는 것은 아니라니요?"

"행위로 예비된 나라를 상속받는 것도 성경 전체 내용의 한 부분이지 않습니까?" "구원은 믿음으로만 받는다는 것이 성경의 가르침이고 저는 성경의 가르침에만 관심이 있고 성경의 가르침을 따라 말한 것입니다."

"믿음으로만 구원받는다는 주장은 그렇게 쓰인 본문을 문자적으로 읽었기 때문이지 않습니까? 똑같은 방식으로 앞에 언급된 본문들을 읽으면 행위로 구원받는다는 것이 되지 않습니까?" "아닙니다. 믿음으로만 구원받는다는 것이 성경 전체의 내용입니다. 제 주위의 목사님들은 다 저와 같이 생각합니다. 더 이상 말하고 싶지 않습니다." 반문에 대하여 전혀 답변이 되지 않은 주장만 반복하면서도 그것이 성경의 가르침이라고만 강변하고 있습니다. 많은 목회자들이 자신과 같이 생각하기에 옳다고 주장합니다. 합리적이며 논리적인 대화 거기에 좀 더하면 상식적인 대화가 되지를 않습니다. 그 설명에 의문표를 붙인 성도는 불신앙의 사람이 될 뿐입니다. 그리고 그가 말한 자신과 같이 생각하는 목회자들은 자신과 같은 구원론을 따르는 이들입니다. 그렇지만 그 구원론이 잘못되었다고 생각하는 목회자들도 있습니다. 자신의 세계 안에서만 생각하는 잘못 가운데 있습니다.

● 영감론의 바른 적용

성경은 믿음으로 구원과 행위 정확하게 말하자면 하나님의 뜻을 행함 곧 순종으로 구원을 함께 말씀하고 있습니다. 행위에는 불순종도 포함되는데, 구원과 연관된 행위는 순종을 가리킵니다. 믿음으로 구원과 순종으로 구원 중에서 어느 한쪽의 내용으로 다른 쪽의 내용을 덮어버리는 것은 잘못입니다. 그것은 그 내용을 기록하게 하신 원저자 곧 성령 하나님에 대한 모독입니다. 성경의 모든 구절이 하나님의 감동으로 작성된 것이기에 그 권위에 아무런 차이가 없습니다. 양자는 그 권위가 동등합니다. 우리가 임의로 어느 쪽에 더 높은 권위를 부여하는 것- 칼빈주의에서는 전자에, 알미니안주의에서는 후자에-은 성경의 영감에 대한 부정입니다. 냉정하게 말하자면 하나님 앞에서 악행입니다.

성경은 하나님의 말씀입니다. 하나님의 감동으로 기록되었습니다. 그러므로 한 주제에 대해 서로 다른 이야기를 동시에 하고 있지 않습니다. 구원론도 마찬가지입니다. 제가 아는 한 교의학자는 각기 다른 구원론이 각각 성경적인 근거를 가지고 있기에 지금의 현실은 어쩔 수 없다고 합니다. 이는 성경이 영감되지 않았다는 것이거나 아니면 현실에 안주하는 넓은 길을 가는 것에 해당됩니다. 물론 성경이 각각의 근거를 동시에 담고 있는 것이 아니라 근거 구절을 잘못 사용한 결과일 뿐입니다.

● 바른 해석으로 모순 해소

각 구절의 문자는 해석 결과 문자의 내용이 그대로 드러나야 합니다. 구원을 얻었다고 기술되어 있으면 해석 결과가 구원을 얻었다는 것이어야 합니다. 구원을 이루어야 한다고 기술되어 있으면 해석 결과가 구원을 이루어야 한다는 것이어야 합니다. 멸망하지 않는다는 내용이 기술되어 있으면 해석 결과가 멸망하지 않는다는 것이어야 합니다. 멸망한다는 내용이 기술되어 있으면 해석 결과가 멸망한다는 것이어야 합니다. 표면적으로 모순으로 보이지만 바르게 해석하면 양자는 모두 진리입니다. 바르게 해석하기만 하면 말입니다. 표면적으로 모순되는 듯한 내용이지만 바르게 풀이하면 전혀 모순이 없습니다. 어느 한쪽의 내용을 앞세워 다른 내용을 덮어버리지 않을 수 있습니다. 바른 해석은 각각의 내용을 문자 그대로 살리면서 그 의미를 밝히는 것입니다. 그렇게 하면 전혀 모순이 아니라는 사실을 확인할 수 있습니다. 바르게 해석하기만 하면 성경의 구원론은 명쾌합니다. 아주 쉽습니다.

● 한 구원론 정립의 의의

구원론이 성경적으로 정립되면 교회다운 교회 세우기에 큰 힘이 됩니다. 성도들이 하나님의 은혜의 풍성함과 은혜 안에서 사는 삶에 대한 인식이 달라지고 더욱 깨어 있는 생활을 하도록 일깨우기 때문입니다. 성경적인 구원론에는 실질적으로 열매를 맺도록 독려하는 강한 능력이 있습니다. 초대 교회와 같은 교회를 세우는 밑거름이 됩니다. 사도들을 통하여 가르쳐졌던 구원에 대한 가르침이 오늘날의 교회를 그때의 교회와 같이 세우는 역할을 할 것입니다.

1. 성경적인 부르심과 성경적인 견인

가) 부르심과 견인의 의미

일반적으로 앞부분은 은혜라는 타이틀을 가지고 있는데, 정확하지 않습니다. 선택, 속죄, 견인도 모두 은혜이기 때문입니다. 정확한 표현은 효력 있는 부르심입니다. 두 부분은 함께 살피는 것이 이해하기에 좋습니다. 아주 쉽고 명쾌합니다.

● 두 의미의 단어들

마 8:22 "예수께서 이르시되 죽은 자들이 그들의 죽은 자들을 장사하게 하고~" 이 말씀에 의하면 죽음은 두 가지 의미로 구분됩니다.

하나님과의 관계 단절인 죽음과 이 땅에서의 생명이 끝나는 죽음입니다. 후자의 죽음은 불 못에 들어가는 영원한 멸망과 연결되어 있습니다. 이로 인해 연관된 여러 단어들을 구분하여 생각하여야 합니다. 구원은 각각의 죽음에서 건짐을 받는 것입니다. 영생도 마찬가지로 구분됩니다. 사람 편에서의 바른 반응인 믿음도 각각에 따라 그 의미에 차이가 생기며 그 모두를 가능하게 하시는 은혜도 마찬가지입니다.

	A	B
죽음	하나님과의 관계 단절	생명의 끝남과 그 이후의 영원한 멸망
구원	단절된 관계가 회복되는 것	영원한 하나님 나라에 들어가는 것
영생	회복된 관계에서의 교제	영원한 천국에서의 교제
믿음	예수님이 그리스도가 되시는 것 곧 영접하는 것	예수님이 주님이 되시는 것 곧 의지하는 것
의	영접함으로 죄 사함을 받아 의롭다하심을 얻음	하나님께서 원하시는 삶을 살아서 의롭다하심을 얻음
은혜	그 마음을 열어 복음을 따르게 하시는 성령 하나님의 역사	육체의 소욕을 거스르는 성령 하나님의 역사

이러한 구분만 파악되면 효력 있는 부르심과 견인에 대한 성경의 가르침을 파악하기는 쉽습니다. 성경 구절들도 자기 위치에 배치하면 됩니다. A는 효력 있는 부르심에 관한 것입니다. B는 견인에 관한 것입니다.

● 효력 있는 부르심

A에서 구원은 성경에서 언제나 과거형으로 기술되어 있습니다.

신자에게는 과거에 이루어진 일이기 때문입니다. 물론 신자가 아닌 상태를 전제하고 있는 경우에는 미래형으로 기술되어 있습니다. 비신자의 상태를 전제로 한 문맥에서 이야기되는 구원은 관계 회복의 구원입니다. 하나님과의 교제가 가능하게 되었습니다. 그 마음을 열어 복음을 따르게 하시는 하나님의 역사 안에서 당사자가 예수님을 그리스도로 영접하였기에 가능합니다. 그 마음을 열어 복음을 따르게 하시는 역사이기에 불가항력적입니다. 택함을 받은 당사자가 이 땅에서의 생명이 끝나기 전 어느 시점에서든지 반드시 예수님을 그리스도로 영접하게 하시는 것입니다. "이방인들이 듣고 기뻐하여 하나님의 말씀을 찬송하며 영생을 주시기로 작정된 자는 다 믿더라"(행 13:48)는 말씀과 같습니다. 여기에서 영생은 회복된 관계 안에서의 교제를 뜻합니다.

성령 하나님의 역사 안에서 예수님을 그리스도로 영접하는 것이 믿음입니다. 예수님을 그리스도로 영접한다는 것은 하나님의 실존, 그분 앞에서 죄인인 자신, 예수 그리스도께서 자신의 죄값을 대신 지불하신 대속을 인정한다는 것입니다. 그로 인해 과거와 현재와 미래의 모든 죄가 용서받습니다. 하나님께 의롭다하심을 얻는 것입니다. 하나님과의 관계가 회복되며 그분의 자녀가 됩니다. 그렇게 하나님의 자녀가 된 이들의 이름이 기록된 책이 생명책입니다(시 69:28, 빌 4:3).

여기에서는 사람 편에서의 행위란 없습니다. 전적으로 부패한 상태에서 하나님께서 직접 찾아오셔서 복음을 받아들이도록 하셨기 때문입니다. 성경에서 불신 상태에서의 복음 수용을 행위로 보진 않습니다. 행위는 하나님의 뜻을 따르거나 따르지 않는 것을 뜻합니다. 하나님의 뜻을 따르는 행위가 있었다면 자기 의, 자기 자랑이 가능하지만 전혀 없습니다. 자랑하지 못합니다. 대표적인 구절이 엡 2:8~9, 딛 3:5입니다.

하나님께서 애굽에 있는 이스라엘을 불러내시기 위하여 바로 왕의 마음을 강퍅하게 했습니다. 바로 왕의 입장에서는 불가항력적인 일입니다. 택한 백성을 부르시기 위하여 행하신 하나님의 특별한 역사입니다. 이스라엘의 입장에서는 애굽에서 벗어나는 구원에 있어서 자기 자랑이 있을 수 없습니다.

요 3:16도 넓게는 여기에 해당됩니다. 영생이 회복된 관계에서의 교제를 뜻하기 때문입니다. 세상을 사랑하셔서 세상에 주신 독생자를 믿는다는 것은 세상에 속해 있던 어떤 사람이 예수님을 그리스도로 영접한다는 것이기 때문입니다.

효력 있는 부르심은 불가항력적입니다.

● 하나님의 견인

B에서 구원은 미래형으로 기술되어 있습니다. 이 땅에서의 삶이 끝난 이후에 영원한 하나님 나라에 들어가는 것이기 때문입니다. 영원한 구원입니다. 이 땅의 신자에게는 미래의 일입니다. 믿음은 예수님을 주님으로 받아들이는 것입니다. 예수님이 주님이 되시는 것입니다. 이는 예수님께서 전 인격과 삶의 주인이라는 것을 뜻합니다. 그분이 주인이고 신자는 종이기에 주인의 뜻대로 생각하고 말하고 행하는 것

이 뒤따릅니다. 곧 그분을 의지하는 것입니다.

여기에서는 사람 편에서의 행위가 있습니다. 하나님과의 관계가 회복되어 양심이 아닌 선한 양심이 주어졌습니다. 하나님의 역사에 대해 따르느냐 따르지 않느냐를 결정할 수 있게 되었습니다. 그 역사의 내용은 다양합니다. 성경을 읽고 깨닫는 것, 설교나 가르침을 받아 깨우치는 것, 성도의 교제를 통한 깨달음, 자신에게 발생한 즐겁거나 어려운 일들을 통해 하나님께로부터 주어진 메시지 등입니다. 육체의 소욕을 거스르는 성령의 역사를 따르느냐 아니면 성령의 역사를 거스르는 육체의 소욕을 추구하느냐를 당사자가 결정합니다. 육체의 소욕을 거스르는 성령의 역사가 은혜이며 신자가 그 역사를 따르는 것은 순종입니다. 주인의 뜻대로 말하고 행하는 깃도 순종입니다. 순종은 행위에 해당되는데, 은혜 곧 육체의 소욕을 거스르는 성령 하나님의 역사의 열매입니다. 의시함인 믿음 다르게 말하면 순종은 현재적으로 하나님께 의롭다하심을 얻게 합니다. 의롭다하심은 영접함인 믿음으로 불변인 것이 아닙니다. 하나님의 자녀라고 하더라도 불순종하면 하나님께서 불의하다고 평가하시며 순종하면 의롭다고 평가하십니다. 신자는 순종함으로 하나님께 의롭다하심을 얻습니다.

영원토록 하나님과 교제하는 영원한 구원은 예수님을 주님으로 받아들이는 믿음으로 가능합니다. 다르게 말하면 순종으로 가능합니다. 주 예수님께서 순종하는 모든 자에게 영원한 구원의 근원이 되신다(히 5:9)는 말씀과 같습니다. 곧 영원한 구원에 있어서는 예수님이 주님이 되시는 믿음 곧 예수님을 의지함이 조건입니다. 다르게 말하면 그분의 뜻대로 생각하고 말하고 행하는 순종이 조건입니다. "아들을 믿는 자에게는 영생이 있고 아들에게 순종하지 아니하는 자는 영생을 보지 못하고 도리어 하나님의 진노가 그 위에 머물러 있느니라"(요 3:36).

견인과 관련되어 성경 전체의 진술을 대표하는 구절입니다. "내가 그들에게 영생을 주노니 영원히 멸망하지 아니할 것이요 또 그들을 내 손에서 빼앗을 자가 없느니라"(요 10:28). 이 말씀은 앞 구절을 전제하고 있습니다. "내 양은 내 음성을 들으며 나는 그들을 알며 그들은 나를 따르느니라"(요 10:27). 동사가 모두 현재형입니다. 현재적으로 예수님의 음성을 듣고 현재적으로 그분과 교제하며 현재적으로 그분을 따르는 것이 전제되어 있습니다. 그것이 믿음이며 동시에 순종입니다. 견인에서 믿음과 순종은 동전의 양면입니다.

바울 사도는 육체의 소욕과 성령의 역사가 서로 거스른다고 하였습니다. 신자인 당사자가 어느 한쪽을 선택하며 삽니다. 성령의 역사를 선택하면 성령을 위하여 심는 삶이며 그 결과는 영생입니다. 육체의 소욕을 선택하면 육체를 위한 삶이며 그 결과는 썩어진 것입니다(갈 6:8~9). 영생과 대조되는 것이기에 영원한 멸망임이 분명합니다. 이러한 경우는 생명책에서 그 이름이 지워집니다(출 32:32~33, 시 69:28, 계 3:5). 영원한 하나님 나라에서 하나님과의 영원한 교제인 영생은 성령을 따르는 것을 조건으로 하고 있습니다.

견인은 조건적입니다.

나) 배치와 문맥의 문제

교회 역사에서 효력 있는 부르심과 견인의 근거 구절들을 잘못 배치하여 혼선이 생겼습니다. 그리고 문맥을 제대로 살피지 못하여서 잘못된 주장이 생겨났습니다.

● 잘못된 배치들

전자에 관한 구절을 후자에 배치한 잘못입니다. 예를 들어 영생을 주시기로 작정한 자가 다 믿는다는 말씀을 견인에 관한 구절로 보는 것입니다. 그렇게 되면 영생은 하나님과 영원토록 교제하는 것이 되고 그것을 주시기로 작정된 사람이 있으며 그들이 하나님의 은혜로 다 믿었다는 것입니다. 그 영생을 주시기로 작정된 자가 있었다면 그 작정을 따라 영생을 반드시 얻는다는 것은 너무나도 당연한 논리적 귀결입니다. 그렇지만 그것은 구절을 잘못 배치한 결과일 뿐입니다. 바로 왕에게 있었던 하나님의 역사를 견인에 가져와서 신자에게 그러한 역사를 통하여 반드시 회개하도록 한다고 주장하는 것도 마찬가지입니다. 이런 방식으로 칼빈주의에서는 견인이 무조건적이라고 주장하게 되었습니다.

후자에 관한 구절을 전자에 배치한 잘못입니다. 예를 들면 성령의 역사와 육체의 소욕이 서로 거스린다는 말씀을 효력있는 부르심에 가져오는 것입니다. 그렇게 되면 그 사람을 부르시는 성령의 역사를 당사자가 거스를 수 있다는 것이 됩니다. 이런 방식으로 알미니안주의에서는 효력 있는 부르심이 가항력적이라고 주장하게 되었습니다.

● 잘못된 문맥 파악

배치가 잘못되지 않은 경우의 구절들은 앞뒤 구절의 내용들을 온전히 고려하지 못하였습니다. 요한복음 10장 28절을 무조건적인 견인의 근거 구절로 제시하는 것이 여기에 해당됩니다. 그 구절은 27절과 함께 읽어야 하며 그렇게 읽으면 조건적 견인을 말씀하는 것이 됩니다. 고전 3:15과 고전 5:5도 여기에 해당됩니다. 그 문맥과 단어의 의미를 바르게 이해하면 무조건적인 견인의 근거 구절이 아니라 조건적인 견인의 근거 구절이 됩니다. 이는 모든 무조건적인 견인의 근거 구절들에 동일하게 적용됩니다.

● 불 가운데 받은 것 같은 구원

"누구든지 그 공적이 불타면 해를 받으리니 그러나 자신은 구원을 받되 불 가운데서 받은 것 같으니라"(고전 3:15). 거듭난 신자라면 삶에 부족함이 있을지라도 반드시 영원한 구원을 받는다는 근거로 사용되는 구절입니다. 문자 자체는 그것을 지지하는 것이 분명해 보입니다. 과연 그럴까요?

문맥은 고린도교회의 분파에 대한 교훈입니다. 고린도교회에는 그리스도파, 바울파, 게바파, 아볼로파가 있었습니다. 그 분파는 그것을 말하는 말씀사역자에 의해 주도되고 있었습니다. 바울 사도는 사역자들의 역할을 설명하고 자라게 하시는 분은 하나님뿐이라고 말씀했습니다(고전 3:7). 금이나 은이나 보석이나 나무나 풀이나 짚으로 그리스도 예수의 터 위에 집을 세우는 것이 말씀사역자의 역할입니다. 그들의 공적입니다. 그에 대해 하나님께서 불로 평가하십니다. 분파는 그리스도의 한 몸 됨을 해치는 것이기에 그 공적은 불타게 됩니다. 그것은 나무나 풀이나 짚으로 집을 세우는 것입니다. 그렇지만 그 상태에서 말씀사역자들이 멸망을 당하지는 않습니다. 분파를 이끄는 말씀사역자가 하나님에 의해 멸망하지는 않습니다. 불 가운데 받는 것과 같은 구원을 받습니다.

바울 사도가 이것을 말씀한 이유는 그들이 분파의 잘못을 인식하고 돌이키게 하기 위함입니다. 그런데 그 뜻과 달리 분파가 지속되면서 더 나빠질 수도 있습니다. 분파를 넘어서서 분리되는 것입니다. 같이 한 교회를 이룰 수 없다며 나뉘는 것입니다. 그렇게 되면 어떻게 될까요? 이어지는 내용이 그 답입니다. 바울 사도는 교회가 성령의 전이라는 사실을 언급한 후에 "누구든지 하나님의 성전을 더럽히면 하나님이 그 사람을 멸하시리라"(고전 3:17상)고 말씀했습니다. 하나님의 성전을 더럽힌다는 것은 여러 가지로 설명 가능한데, 이 문맥에서는 분파를 넘어선 분리입니다. 예수 그리스도께서 그 피를 값으로 세우신 한 몸을 사람이 임의로 찢는 것입니다. 하나님은 그 경우까지 나아가면 그 사람은 멸하신다는 것입니다. 그 사람이 불 가운데서 구원을 받는 것과 같지 않고 멸망한다는 것입니다.

고전 3장 15절은 17절까지 이어서 읽어야 합니다. 15절의 상태에서는 불 가운데서 받는 것과 같이 영원한 구원을 받습니다. 그렇지만 더 나아가면 17절의 말씀이 적용됩니다. 그러므로 15절은 신자라면 반드시 불 가운데서와 같이 영원한 구원을 받는다는 것을 이야기하는 것이 아닙니다. 멸망하지 않을 정도의 상태이기에 그렇다는 것이고 그 상태에서 돌이키지 않고 더 나빠지면 멸망이 뒤따릅니다.

● 육신은 멸하고 영은 구원을 받게 하려 함이라

"이런 자를 사탄에게 내주었으니 이는 육신은 멸하고 영은 주 예수의 날에 구원을 받게 하려 함이라"(고전 5:5). 그 아버지의 아내를 취하는 음행을 한 자에 대한 기술입니다. 문맥에 의하면 그를 출교하라는 것입니다. 적은 누룩이 온 덩어리에 퍼져서 결국 온 덩어리를 누룩으로 오염시키게 되기에 내어 쫓으라(고전 5:13)는 것입니다. 칼빈주의에서는 그가 광야에서 생활하게 되고 그 곤고함을 깨닫고서는 결국 돌이키게 되어 (영원한) 구원을 받게 하시는 하나님의 섭리에 대한 진술로 이해하고 있습니다. 때로는 한 존재의 몸은 멸하지만 그의 영은 영원한 구원을 얻게 하려는 것으로 말하기도 합니다. 그렇다면 그가 거듭난 자임은 분명합니다. 고린도교회 곧 고린도에서 하나님의 부르심을 받은 자(고전 1:2)에 해당되는 것입니다.

여기에서 육신과 영은 한 인격의 각기 다른 부분을 가리키지 않습니다. 헬라어에서 몸을 뜻하는 단어는 소마입니다. 본문은 사륵스를 사용하고 있습니다. 사륵스는 하나님을 반역하고 그분의 뜻을 어긴 존재를 가리킵니다. 한 존재의 어떤 부분이 아니라 존재 전체를 가리킵니다. 고린도교회의 음행한 이는 그 행위로 하나님께 반역하고 그분의 뜻을 어긴 자입니다. 그 전 존재를 하나님께서 멸하시는 것입니다. 멸한다는 것이 영원한 사망임은 명백합니다. 영은 고린도교회를 가리킵니다. 주와 합하는 자는 한 영이라는 말씀(고전 6:17)을 통해 확인됩니다. 즉 본문은 음행한 자를 출교시킴으로 고린도교회가 거룩을 유지하고 그것이 음행한 자는 멸하고 고린도교회는 주 예수의 날에 (영원한) 구원을 얻게 하려는 것이라는 뜻입니다. 음행한 자의 몸은 멸하고 그의 영은 구원을 얻게 하려는 것이라는 뜻이 아닙니다.

이는 출교의 성경적 의의를 통해서도 확인됩니다. 성경은 교회를 그리스도의 몸이라고 말씀하고 신자를 그 몸의 지체라고 말씀합니다. 교회는 신자의 총합으로 설명하는 것이 옳지 않은 이유입니다. 그렇게 설명하면 교회는 로봇에 해당됩니다. 잘못입니다. 교회에 신자가 접붙임을 받는 것입니다. 몸이 있고 지체가 있습니다. 출교는 몸에서 지체를 끊어내는 것입니다. 예를 들어 한 신자가 팔이라고 생각하면 출교는 몸에서 팔을 끊어 내는 것입니다. 몸에서 끊어진 팔은 죽음입니다. 머리이신 주 예수 그리스도와 그 몸 사이에 이루어지는 생명의 교제에서 완전히 떨어져 나간 것이기 때문입니다. 본문의 기록 시점의 관점에서 보면 그 팔은 결코 몸에 다시 붙일 수가 없습니다. "육신은 멸한다"는 말씀의 의미입니다. 광야 생활을 통한 돌이킴과 그것을 통하여 그가 (영원한) 구원을 얻음은 본문의 가르침과 아무런 상관이 없습니다.

본문은 거듭난 자의 결정적인 범죄로 인해 그 관계를 완전히 단절하시는 하나님의 역사에 대한 기술입니다. 그의 범죄는 하나님을 의지하지 않은 것입니다. 믿지 않은 것입니다. 거듭남의 믿음 곧 예수님을 구원자로 영접함인 믿음이 있었지만 그분을 의지함인 믿음을 저버렸습니다. 하나님을 의지하지 않음 곧 믿음을 저버림인 그 범죄는 돌이킬 기회가 주어지지 않는 결정적인 것이었습니다. 거듭난 자라면 그 범죄에 대해 하나님께서 반드시 돌이키게 하신다는 칼빈주의의 주장이 옳지 않다는 반증입니다. 범죄로 인해 신자의 상태는 변할 수 있지만 자녀라는 신분은 결코 변하지 않는다는 주장도 옳지 않다는 반증입니다. 사탄에게 내어주었다는 것은 그 신분이 하나님의 자녀에서 사탄의 종으로 되돌아갔다는 것이기 때문입니다. 하나님의 주권을 말하면서 거듭난 자에 대해서는 반드시 견인하신다는 주장도 옳지 않습니다. 오히려 그 죄에 대해 관계를 완전히 단절하시는 것이 하나님의 주권입니다. 하나님의 주권을 앞세워 성경의 진술을 거부하지 말고 성경의 진술을 따라 하나님의 주권을 말하여야 합니다.

다) 잘못된 신학적 토대들

우주의 모든 것 예를 들면 돌 하나가 어떤 곳에 어떤 모양으로 있는 것이 미리 정해져 있다는 칼뱅의 예정론과 민족적 선택- 다르게는 일반적 선택-과 개인적 선택- 다르게는 특별한 선택-이 있다는 칼뱅의 이중선택사상은 무조건적 견인의 신학적 토대들입니다. 예정론에 의하면 하나님의 부르심을 받는 것과 영원한 구원을 얻게 되는 것이 동시적입니다. 실질적인 대상이 개인적 선택을 받은 자들이라는 것이 이중선택사상입니다. 성경이 그것을 말씀하고 있는가요?

● 칼뱅의 예정론의 잘못

하나님은 우주의 모든 것을 미리 정하지 않으셨습니다. 그분은 미리 아시지만(시 139:2) 예정의 결과가 아닙니다. 그분의 전지하심으로 인한 것입니다. 한 사람 한 사람이 몇 시에 자고 몇 시에 일어나며 아침밥을 몇 시에 얼마의 시간에 먹되 반찬에 몇 번의 젓가락질을 하는지를 미리 정하시지 않았습니다. 그것을 미리 정하여야만 그분의 우주 경영이 가능한 것이 아닙니다.

신자에게 있어서는 성령의 역사와 육체의 소욕이 서로 거스릅니다. 만약 예정이 있었다면 성령은 예정이 이루어지도록 역사하실 것입니다. 당연히 육체의 소욕으로 거스를 수 없어야만 예정대로 이루어질 수 있습니다. 그런데 거스를 수 있으며 거스릅니다. 예정대로 이루어지지 않는 것입니다. 칼뱅식의 예정론과 성경의 가르침은 공존할 수 없습니다.

성경이 말씀하는 예정은 하나님의 구속역사와 어떤 사람을 선택하신 것까지입니다. 성경의 가르침과 다른 예정론을 말하고는 그로 인해 발생하는 문제들에 대해 신비라고 말하며 넘기는 태도에서 벗어나야 합니다. 성경의 가르침은 언제나 그 당대의 사람들이 이해할 수 있는 내용이라는 사실을 잊지 말아야 합니다.

● 칼뱅의 이중선택사상의 잘못

칼뱅은 선택에 관한 구약의 진술(신 7:6~8)은 민족적 선택, 신약의 진술(엡 1:4~5)은 개인적 선택의 근거로 제시합니다. 그렇지만 각각은 내용에 있어서 아무런 차이가 없습니다. 전자의 '너희'는 하나님에 의해 출애굽한 이스라엘 전체이며 후자의 '우리'는 예수 그리스도 안에서 하나님의 부르심을 받은 신자들 전체입니다. 각각은 하나님의 부르심을 받은 개인들의 총합입니다. 전자는 구약적인 진술이었고 후자는 신약적인 진술이었을 뿐입니다. 성경의 '남은 자'는 언약의 시대가 바뀌면서 이전 언약에 속하였다가 새 언약으로 하나님의 부르심을 받게 되는 사람들입니다. 이전 언약의 관점에서 보면 전체 언약의 백성 중에서 일부이지만 새 언약의 관점에서 보면 언약의 백성 전부입니다. '남은 자'가 새 언약으로 들어가는 것은 견인의 시작점인 효력 있는 부르심에 해당됩니다. 그러므로 '남은 자' 사상은 견인의 근거로 삼는 것은 배치를 잘못한 것입니다. 교회는 하나님의 부르심을 받은 사람들입니다. 하나님의 부르심이 없이 교회가 될 수는 없습니다. 교회에게 그 부르심은 아무런 질적 차이가 없습니다. 다르게 말하자면 교회를 구성하는 한 신자 한 신자가 하나님의 선택을 받았으며 질적인 차이가 전혀 없다는 것입니다. 그러므로 교회에게 있어서 이중선택이란 있을 수 없습니다.

물론 교회의 울타리 안에 하나님의 부르심을 받지 않은 사람이 있을 수 있으며 실제로 있습니다. 구도자의 상태인 경우와 마귀가 교회를 해치기 위하여 심은 사람이 그에 해당됩니다. 그렇지만 그들은 교회가 아닙니다. 성경에서 지속적으로 말씀하고 있는 '너희' 곧 교회에 해당되지 않습니다. 성경에서의 너희 곧 교회는 하나님의 부르심을 받은 사람들이기 때문입니다. 로마교회는 로마에서 하나님의 부르심을 받은 사람들입니다(롬 1:6). 고린도교회는 고린도에서 하나님의 부르심을 받은 사람들입니다(고전 1:2). 이처럼 성경에서의 각 지역교회는 그 지역에서 하나님의 부르심을 받은 사람입니다. 하나님의 부르심을 받지 못한 사람은 그 교회에 해당되지 않습니다. 효력 있는 부르심과 견인에 대한 가르침은 모두 하나님의 부르심을 받은 사람들과만 관계된 것입니다. 칼뱅의 이중선택사상은 성경의 가르침을 오해한 결과이며 그것은 성경의 구원론과 아무 상관이 없습니다.

라) 믿음과 구원의 상관관계

● 원치 않는 잘못

일반적으로 믿음을 영접하고 의지하는 것이라고 합니다. 각각은 맞는 설명이지만 합치면 혼선이 생깁니다. 영접하더라도 의지하지 않을 수 있습니다. 많은 신자들의 모습입니다. 의지하지 않더라도 영접이 거짓이 되는 것은 아닙니다. 영접은 성령 하나님의 불가항력적인 역사의 결과이며 의지는 당사자의 선택의 결과로서 가항력적이기 때문입니다. 그런데 합치고는 영접이 진실하다면 의지하게 된다고 말합니다. 의지하지 않았다면 영접이 진실하지 않았기 때문이랍니다. 영접은 행위와 무관하다고 하고서는 이제 행위를 영접이 진실하냐 진실하지 않냐를 결정하는 근거로 제시하고 있습니다. 잘못된 설명입니다. 그리고 각 구절에서 문맥에 따라 그 의미가 정확하게 구분되는데, 그렇게 하지 못하도록 하는 원인이 되었습니다. 각각은 맞는 말이지만 합치니 원치 않는 잘못이 생겨났습니다.

● 전인적인 믿음

성경에서 믿음은 인식의 차원만이 아닙니다. 생각과 말과 행동을 모두 포괄하는 것입니다. 예수님이 내게 주님이시라고 생각하고 말할 수 있습니다. 그런데 예수님의 말씀을 따라 살지 않으면 어떻게 평가해야 할까요? 예수님을 믿지만 행함이 뒤따르지 않았다고 평하면 될까요? 우리는 그렇게 하지만 성경은 아닙니다. 하나님께서는 믿지 않았다고 평하십니다. 가데스 바네아에서 열 정탐꾼의 말을 들은 이스라엘이 가나안 땅을 정복하려고 하지 않고 모세를 돌로 치려 할 때에 하나님께서 하신 말씀과 같습니다. "~ 내가 그들 중에 많은 이적을 행하였으나 어느 때까지 나를 믿지 않겠느냐"(민 14:11). 이스라엘은 하나님은 하나님으로 받아들였습니다. A의 믿음이 전제되어 있었습니다. 그리고 그분이 자신들의 주님이라고 생각하고 있었습니다. 그렇지만 가나안 정복에 대한 말씀을 신뢰하진 않았습니다. 하나님을 의지하지 않은 것입니다. 믿지 않은 것입니다. 여기에서의 믿음은 B의 믿음입니다.

● 믿음으로 구원의 의미

구원은 믿음으로 얻습니다. A의 믿음으로 관계 회복의 구원을 얻고(엡 2:8~9) B의 믿음으로 영원한 구원을 얻습니다(벧전 1:5). 믿음으로만 구원을 얻는다는 말도 옳습니다. 다만 어떤 의미를 담느냐의 문제가 있습니다. 전자의 경우와는 달리 후자의 경우에도 행함 곧 순종을 배제한 것이라면 틀린 말이 됩니다. 후자의 경우에는 믿음으로 구원을 얻는다는 표현과 행함 곧 순종으로 구원을 얻는다는 말이 동의어이기 때문입니다. 그 경우에 구원은 이루어야 하는 것입니다(빌 2:12). 거룩한 행실이 없으면 아무도 주를 보지 못합니다(히 12:14). 웨스트민스터 신앙고백서 성화장에 진술된 내용이기도 합니다.

● 두 종류의 죄

요한 사도는 사망에 이르는 죄와 사망에 이르지 않는 죄를 언급했습니다(요일 5:16). 모든 죄의 값이 사망이기에 모든 죄는 사망에 이릅니다. 사망에 이르지 않는 죄란 돌이킴으로 회복의 기회가 있는 죄입니다. 돌이킴은 먼저 하나님께 진심으로 그 죄를 자백하고 다음으로 그 죄를 반복하지 않는 것입니다. 진심으로 죄를 자백하면 하나님께서 용서해주십니다(요일 1:9). 그리스도 예수 안에서 이미 용서된 죄가 현재 시점에서 효력을 얻게 되는 것입니다. 사망에 이르는 죄는 그러한 기회가 없이 하나님과의 관계가 단절되고 멸망하게 되는 죄입니다. 그 경우에는 그 범죄자를 위하여 하나님께 간구할 필요가 없습니다. 배교(히 6:4~6), 예수 그리스도께서 육체로 오신 것을 거부하는 죄 곧 적그리스도가 되는 것(요일 4:3), 아버지의 아내를 육체적으로 취하는 것과 같은 도저히 용납할 수 없는 범죄(고전 5:5)가 그에 해당됩니다. 사망에 이르지 않는 죄라도 하더라도 그 죄에서 돌이키지 않으면 역시나 하나님 나라를 유업으로 받지 못합니다. 자기 육체를 위하여 심어 육체로부터 썩어진 것을 거두는 것입니다. 어리석은 다섯 처녀가 그 경우입니다(마 25:1~13). 그들은 지혜로운 다섯 처녀와 같이 불을 밝힌 등이 있었습니다. 반면에 여분의 기름이 없었습니다. 기름이 성령에 대한 상징으로 사용되고 있음을 생각할 때에 함께 성령께서 내주하시고 그분의 조명 아래 있었는데, 성령을 위하여 살지는 않았다고 볼 수 있습니다. 한 달란트 받은 종도 같은 경우입니다(마 25:24~30). 달란트는 하나님 나라의 일 곧 사명입니다. 사명은 거듭난 사람에게만 주어집니다. 달란트를 땅에 묻어둔다는 것은 사명을 저버렸다는 뜻입니다. 하나님께서 맡기신 사명을 저버린 삶의 결국은 바깥 어두운 데서 슬피 울며 이를 가는 것입니다. 주리고 목마르며 헐벗고 병들며 갇히고 나그네로 찾아오시는 예수님을 삶에서 영접하지 않는 것도 한 경우입니다(마 25:41~46). 인자이신 예수님은 그들이 자신을 주님으로 부르는 것을 잘못이라고 하지 않았기에 그들은 거듭난 신자들이 분명합니다. 하나님의 성전을 더럽히는 누구든지 하나님께서 멸하십니다(고전 3:17). '누구든지'에 신자가 포함된다는 것은 너무나 분명합니다. 윤리적인 범죄 가운데 그 삶을 지속하는 경우도 마찬가지입니다(고전 6:9~11).

모든 죄는 그 값이 사망입니다. 돌이키지 않으면 영원한 멸망입니다. 신자라고 예외가 아닙니다. 신자에게는 하나님 편에서 반드시 돌이키게 하시는 역사란 없습니다. 하나님에 의해 반드시 죄를 자백하게 되는 것이 아닙니다. 서로 거스르는 성령의 역사와 육체의 소욕에서 당사자가 선택하는 원리만이 있습니다. 하나님께서 절대적으로 성령의 역사를 따르도록 하시는 역사 곧 반드시 죄를 자백하고 돌이키게 하시는 역사는 없습니다. 택한 자를 부르시는 역사는 전적으로 하나님께서 책임지시지만 그 이후의 삶은 육체의 소욕을 거스르는 성령의 역사가 전부입니다. 그 이상도 그 이하도 없습니다. 그 역사는 육체의 소욕으로 거스를 수 있습니다. 은혜를 헛되이 받는 것입니다. 은혜를 헛되이 받지 말아야 하는데(고후 6:1), 그 말씀에서 벗어난 것입니다. 죄를 자백하고 돌이키게 하시는 하나님의 역사도 육체의 소욕을 따르므로 거스를 수 있습니다. 신자에게 있는 죄의 자백과 돌이킴의 책임을 하나님께 돌리지 않아야 합니다. 아무리 좋은 의도를 가지고 있다고 하더라도 그것은 하나님을 오해한 잘못된 주장입니다. 그렇게 잘못된 주장을 고수하는 것은 하나님 앞에서 죄입니다. 택한 자는 믿음을 저버렸다고 하더라도 반드시 돌아오게 된다는 주장도 옳지 않습니다. 부분적으로 옳기 때문입니다. 돌아오는 경우가 있는 반면에 돌아오지 않는 경우도 있습니다. 전자는 육체의 소욕이 아니라 성령의 역사를 선택한 것이고 후자는 성령의 역사가 아니라 육체의 소욕을 선택한 것입니다. 양면이 있는데 그중에 한 면만을 보고 그것이 전부인 것처럼 말하는 잘못에서 벗어나야 합니다.

● 육상 경주와 같은 상관관계

효력 있는 부르심과 견인에서의 구원에 있어서 상관관계는 육상 경주와 같습니다. 전자는 하나님의 주권적인 은혜로 출발선상에 서게 된 것입니다. 후자는 육체의 소욕을 거스르는 성령의 역사 안에서 결승선을 통과하는 것입니다. 출발선상에는 마지막 결승선을 통과하는 것이 내포되어 있습니다. 이처럼 전자의 구원에 후자의 구원 곧 영원한 구원이 내포되어 있습니다. '이미' 입니다. 그렇지만 결승 테이프를 끊는 것은 경주를 중도에 포기하거나 다른 길로 가지 않고 끝까지 완주할 때에 가능합니다. '아직' 입니다. 어떤 이유로든지 결승선을 통과하지 않으면 결승 테이프를 끊는 영광을 누리지 못합니다. 이 땅에서의 신자에게 영원한 구원은 '이미' 와 '아직' 의 관계입니다. 하나님 나라의 관계와 똑같습니다. 다만 십자가의 한 편 강도와 같은 경우는 예외입니다. 영접함인 믿음과 동시에 이 땅에서의 삶이 끝나면 하나님 나라에 들어갑니다. 효력 있는 부르심에 내포되어 있는 영원한 구원을 얻는 것입니다.

일반 경주와 차이점이 있습니다. 결승선을 통과하는 순서 곧 등수가 아니라 통과하는 것 자체가 중요하다는 점입니다. 다른 레인의 선수가 경쟁자가 아니라 동역자라는 점입니다. 사랑과 선행을 격려하며 결승선을 통과하도록 하는 동역자입니다. 심판이 그 경주의 과정에 함께 하며 돕는다는 사실입니다. 파울을 범하는지 만을 살피는 일반 경주의 심판과는 달리 하나님은 경주자와 함께 뛰며 완주할 수 있도록 도우십니다. 그 기쁘신 뜻을 위하여 우리에게 소원을 두고 행하게 하시는 하나님의 역사입니다(빌 2:13). 곧 성령의 역사입니다. 그 역사를 따르면 월계관을 씁니다. 반면에 자기 육체의 소욕으로 성령을 거스르면 월계관과 무관하게 됩니다.

● 상급의 의의

일반적으로 믿음으로 (영원한) 구원을 받고 행위로 상급을 받는다고 합니다. 그렇지만 성경에서 상급은 영원한 구원에 덧붙여지는 그 무엇이 아닙니다. 영원한 구원의 다른 표현입니다. 하나님의 도우심을 받아 영원한 구원을 위한 경주를 완주한 것에 대해 월계관을 수여하시는 것입니다. 육체의 소욕을 거스르는 성령의 역사를 따른 삶 곧 육체와 함께 그 정욕과 탐심을 십자가에 못 박은 삶을 하나님께서 어여삐 여기셔서 신자의 의로 삼아주시는 것입니다. 월계관은 영원한 구원에 더해지는 그 무엇이 아니라 영원한 구원의 다른 표현입니다. 성경의 면류관이 월계관에 해당됩니다. 면류관의 종류들은 그 강조점의 차이로 인한 것입니다.

● 행위구원론?

칼빈주의에서는 구원과 행위를 연관시킬 때에 정죄하는 방편으로 행위구원론이라는 말을 합니다. 전적으로 잘못된 것입니다. 효력 있는 부르심에 관한 성구들을 무작위로 견인에도 적용시킨 결과이기 때문입니다. 효력 있는 부르심에는 옳지만 견인에서는 옳지 않다는 것입니다. 견인과 관련하여 순종을 끊임없이 강조하는 성구들이 얼마나 많은가요? 앞에서 언급한 구절만 해도 적지 않습니다. 성경을 전체적으로 읽지 않고 단편적으로 읽으면 언제나 문제를 일으킵니다. 내가 읽고 싶은 부분만 읽거나 내가 읽고 싶은 방식으로 읽지 않아야 합니다. 영원한 구원과 순종은 직결되어 있습니다. 여기에서는 순종이 믿음과 동전의 양면이기 때문입니다. 그럼에도 행위구원론이라는 정죄를 서슴지 않는 것은 무지일 뿐입니다. 웨스트민스터 신앙고백서 성화장의 내용 곧 거룩한 행실이 없으면 아무도 주를 보지 못한다는 진술을 스스로 부인하는 자체 모순이기도 합니다.

● 선행구원론

예수님은 하나님 아버지의 뜻대로 행하는 자라야 천국에 들어가리라(마 7:21)고 말씀하셨습니다. 하나님의 뜻이 선입니다. 그 뜻대로 행하는 것은 선행입니다. 천국에 들어가리라는 것은 (영원한) 구원을 가리킵니다. 그 모두를 합하면 선행구원론이 됩니다. 선행구원론은 예수님의 말씀을 명사화한 것입니다. 교회 역사에서 교부들이 거리낌 없이 성경의 가르침이라고 생각하여 교회의 전통으로 삼았던 이유입니다. 선행구원론은 견인에 있어서 믿음구원론과 동의어입니다. 교부들은 사도 바울보다 예수님께 더 높은 권위를 두었기에 선행구원론을 제창하였습니다. 그런데 고행을 통한 구원인 양 잘못 생각하였습니다. 중세 시대에는 성당 건축 비용을 충당하기 위해 면죄부를 판매하는 악행의 빌미로 사용하였습니다. 잘못은 선행구원론이 아니라 그것을 성경의 가르침과 다르게 적용한 것입니다. 그런데 종교개혁 때에 선행구원론까지 폐기처분하였습니다. 더러워진 목욕물만 버려야 하는데 아기까지 버린 것과 같습니다. 로마가톨릭에서 주장하는 것이라고 무조건 잘못되었다는 태도는 지양하여야 합니다. 그들의 주장 중에서 옳은 것과 그른 것을 잘 분별하여 그른 것을 배척하여야 합니다.

● 오직 은혜로

구원은 오직 은혜로 가능합니다. 단절되었던 하나님과의 관계가 회복되는 구원이나 이 땅의 삶 이후에 영원한 하나님 나라에 들어가는 구원이나 모두 은혜입니다. 영원한 구원에 있어서 믿음과 동전의 양면인 순종이 강조되지만 그것 또한 은혜입니다. 육체의 소욕을 거스르는 성령 하나님의 역사가 맺은 열매이기 때문입니다.

행위라고 하면 무조건 은혜와 배치되는 것으로 생각하는 경향이 있습니다. 믿음으로 의롭다함을 얻는다는 로마서의 가르침과 배치된다고 생각하는데, 잘못입니다. 행위는 순종과 불순종으로 구분됩니다. 육체의 소욕을 거스르는 성령 하나님의 역사가 선행되어 맺은 열매가 순종입니다. 그것은 은혜입니다. 그러므로 믿음으로 구원만이 아니라 순종으로 구원도 은혜로 구원에 해당됩니다.

● 어느 정도이어야 하는가?

믿음으로 (영원한) 구원과 순종으로 (영원한) 구원은 동의어라고 하니 뒤따르는 질문입니다. 답은 모른다는 것입니다. 성경에 제시되어 있지 않기 때문입니다. 하나님께서 알려주지 않은 것을 어떻게 알고 답을 할 수 있겠습니까? 하나님께서 알려주신 것에 한해서 무엇이든지 말을 할 수 있습니다. 정 궁금하면 하나님께 물어 답을 들으시면 됩니다.

그러한 기준이 제시되어 있지 않은 것은 하나님의 지혜라고 생각할 수 있습니다. 우리는 연약하여서 어떤 선이 제시되고 그 선을 넘어서면 자만하는 성향이 있습니다. 선 줄로 생각하는 자는 넘어질까 조심하라고 바울 사도가 경계한 이유입니다. 그렇지만 그 선이 항상 내 앞에 있으면 그 선을 향하여 지속적으로 전진하게 됩니다. 기준이 제시되지 않음은 지속적으로 더 성숙하기를 힘써야 한다는 하나님의 메시지인 것입니다. 그것은 피곤한 일이 아니라 자신에게 가장 좋은 것입니다. 성숙하면 성숙할수록 그 인격이 풍성해지고 삶이 부요해지기 때문입니다. 성령의 열매를 더 온전히 맺으며 성령의 능력 안에서 하나님 나라와 그 의를 더 힘있게 구하는 것입니다.

마) 로마서와 야고보서의 믿음과 행함

효력 있는 부르심과 견인에 대한 성경적인 교리를 정립하는 데에 한 단어가 성경에서 두 가지 의미로 사용되었기에 각각 구분하여야 한다는 사실이 중요합니다. 그렇게 하면 성경의 진술에 어떤 모호함이나 모순이 없습니다. 예를 들어 행위를 거부하며 믿음만을 강조하는 로마서와 믿음만이 아니라 행함도 함께 강조하는 야고보서가 전혀 모순이 없습니다. 행위와 행함은 같은 헬라어입니다.

● 로마서의 행위와 믿음

로마서의 행위란 율법 준수입니다. 믿음은 예수님을 그리스도로 영접함이 아니라 주님으로 받아들임입니다. 새 언약의 교회에게 하나님께서 제시한 삶의 원리를 받아들이는 것입니다. 곧 성령의 (율)법을 준수하는 것입니다. 로마서는 율법 준수가 아니라 성령의 (율)법을 준수하여야 한다고 한 것입니다. 율법 준수를 통하여 하나님께 의롭다함을 받지 못하고 믿음으로 곧 하나님을 의지함으로 다르게는 성령의 (율)법 준수를 통하여 하나님께 의롭다함을 받는다는 것입니다.

● 야고보서의 행위와 믿음

야고보서의 믿음이란 예수님을 그리스도로 영접하는 것입니다. 행함은 예수님을 주님으로 받아들여서 그분께 순종하는 것입니다. 믿음으로만 하나님께 의롭다함을 받는 것이 아니라 순종함으로 의롭다함을 받는다는 것입니다. 예수님을 그리스도로 영접하여 의롭다함을 받았습니다. 그것만으로 끝이 아닙니다. 행함 곧 순종으로 의롭다함을 받습니다. 현재적으로 의롭다함을 받는 길입니다. 그뿐 아니라 현재라는 관점에서는 영접함인 믿음에서 머물러 있으면 그 믿음은 죽은 것입니다(약 2:26). 자유롭게 하는 온전한 율법을 실천하여야 합니다.

● 모순에서 벗어나기

믿음을 예수님을 그리스도로 영접하는 것이고 행함은 믿음에 뒤따르는 바른 행실이라고 읽으면 무조건 모순이 생깁니다. 로마서는 행위로는 의롭다함을 받지 못하고 믿음으로만 의롭다함을 받는다고 하고 야고보서는 믿음으로만 아니라 행함으로도 의롭다함을 받는다고 하기 때문입니다. 곧 로마서는 믿음에 뒤따르는 바른 행실로는 의롭다함을 받지 못하고 믿음으로만 의롭다함을 받는다는데 반해 야고보서는 믿음으로만 아니라 믿음에 뒤따르는 바른 행실로도 의롭다함을 받는다는 것이 됩니다. 모순입니다.

그렇지만 믿음과 행함의 의미를 구분하면 모순이 없습니다. 로마서의 믿음과 야고보서의 믿음은 의미가 다릅니다. 전자는 예수님을 주님으로 받아들이는 것이며 후자는 예수님을 그리스도로 영접한 것입니다. 로마서의 행위와 야고보서의 행함도 마찬가지입니다. 전자는 율법 준수 곧 불순종입니다. 후자는 자유롭게 하는 온전한 율법 준수 곧 순종입니다. 이는 다르게 말하면 예수님을 주님으로 받아들이는 믿음입니다. 곧 로마서의 믿음과 야고보서의 행함은 내용적으로 같은 말입니다. 이렇게 읽지 않으면 어떤 방식으로 설명하든지 모순이 발생합니다.

2. 성경적 타락

하나님은 아담을 하나님의 형상으로 창조하셨습니다. 하나님과 사랑하며 그 사랑으로 사람 간에 서로 사랑하며 하나님의 뜻을 따라 피조세계를 다스리는 존재입니다. 하나님은 아담에게 에덴동산을 맡기시고 하나님의 형상으로서 살아가도록 하셨습니다. 그는 그곳에서 하나님의 말씀을 거역합니다.

그 이후로 모든 사람은 하나님의 형상을 상실하였습니다. 스스로 하나님을 찾지 않습니다. 하나님이 어디 있느냐고 말합니다. 하나님과 사랑하지 않습니다. 사람 간에도 참된 사랑에서 멀어졌습니다. 이기적인 사랑으로 서로 고통을 겪습니다. 하나님의 뜻대로 피조세계를 다스리지 않습니다. 인간적인 욕심을 따라 자원을 이용하여 피조물들이 황폐해집니다.

양심이 없어진 것은 아닙니다. 도덕성을 완전히 상실한 것도 아닙니다. 양심에 새겨진 율법의 일들로 인해 도덕에 대한 의식이 있습니다. 이성도 작용합니다. 이성의 작용을 통해 인간적으로 볼 때에 유익한 여러 결과들이 도출됩니다.

그렇지만 하나님께서 찾아오시지 않으면 그 누구도 하나님께 나아가지 않습니다. 나아가지도 못합니다. 하나님 형상의 완전한 상실입니다. 성경은 의인은 한 사람도 없다고 진술합니다. 전적 부패입니다.

부분적 부패라는 주장은 본문을 잘못 읽은 결과입니다. 특히 하나님의 부르심을 받은 이후의 사람을 근거로 제시하면 그렇게 됩니다. 선한 양심이 주어진 상태에서 선을 선택할 수도 있고 악을 선택할 수도 있게 된 모습을 부분적 부패라고 읽는 것입니다. 잘못입니다.

3. 성경적 선택

선택이란 하나님께서 자기 백성으로 삼으실 자들을 미리 정하신 것입니다. 그 당사자가 하나님의 부르심을 받기 이전에 정하셨습니다. 하나님께서 주권적으로 어떤 사람을 선택하셨습니다.

성경은 하나님께서 미리 아시고 선택하셨다(롬 8:29, 벧전 1:2)고 말씀합니다. 예지 예정입니다. 여기에서 안다는 단어는 아담과 하와가 동침한다고 할 때에 동침하다를 가리킵니다. 인격적인 연합과 일치입니다. 사랑한다는 의미입니다. 당사자가 믿을 것을 미리 아셨다는 의미가 아닙니다. 예지 예정이란 하나님께서 주권적으로 그 사람을 사랑하셔서 선택하셨다는 뜻입니다. 그 당사자가 하나님의 사랑을 받을 만한 그 어떤 조건도 없었기에 무조건적인 선택입니다.

조건적 선택은 예지 예정을 잘못 풀이한 결과입니다.

4. 성경적 속죄

"하나님이 이처럼 세상을 사랑하사 독생자를 주셨으니 이는 저를 믿는 자마다 멸망치 않고 영생을 얻게 하려 하심이라"(요 3:16). 믿는 자에게 독생자를 주신 것이 아닙니다. 세상에게 주셨습니다. 세상을 어떻게 해석하든지 간에 '믿는 자' 보다는 넓은 개념입니다. '믿는 자' 는 택함을 받은 자이고 세상은 그보다 넓은 개념입니다. 독생자는 세상에게 주어졌습니다. 여기에는 탄생만이 아니라 피 흘리심이 포함되어 있습니다.

"그리스도께서도 단번에 죄를 위하여 죽으사 의인으로서 불의한 자를 대신하셨으니 이는 우리를 하나님 앞으로 인도하려 하심이라"(벧전 3:18). 우리는 택함 받은 사람들입니다. 반면에 예수님이 대신한 불의한 자는 택함 받은 사람들만이 아닙니다. 세상의 모든 사람들입니다. 택함 받은 자들만이 아니라 세상의 모든 사람들이 불의합니다. 예수님은 세상의 모든 사람들을 대신하셨습니다.

"그는 우리 죄를 위한 화목제물이니 우리만 위할 뿐 아니요 온 세상의 죄를 위하심이라"(요일 2:2). 너무나도 명백하게 택함 받은 자들인 우리를 넘어서서 온 세상의 죄를 위한 화목제물이라고 말씀하고 계십니다.

하나님은 모든 사람이 구원을 얻고 진리를 아는 데에 이르기를 원하십니다(딤전 2:4). 이는 예수 그리스도의 속죄를 전제하고 있습니다. 예수 그리스도께서는 모든 사람을 위하여 자기를 속전으로 주셨다(딤전 2:6)고 말씀하였습니다. 선택받은 자들만을 위해 피 흘리셨다면 불가능한 진술입니다. 위하여 피 흘리심은 없는데 성부께서 모든 사람이 구원을 얻기 원하신다면 그 자체로 모순입니다.

피조물의 회복과 만물의 충만도 마찬가지입니다. 예수 그리스도의 피 흘리심을 토대로 가능한 진술입니다. 예수님이 택함 받은 사람들만을 위해 피를 흘리시고 피조물과 만물을 위해서 피 흘리지 않으셨다면 불가능한 진술입니다. 예수님께서 위하여 피 흘리지 않았는데 신자가 피조물의 회복을 꾀한다는 것은 있을 수 없습니다. 예수님의 피 흘리심은 신자의 모든 삶의 토대입니다.

보편적 속죄는 보편적 구원과는 다릅니다. 모든 사람들을 위해 피를 흘리셨다는 것이 곧 모든 사람이 구원 얻는다는 뜻은 아닙니다. 그런데도 그렇게 연결시키려고 합니다. 보편적 속죄가 잘못되었다고 말하기 위함입니다. 잘못된 것입니다.

제한적 속죄는 본문을 잘못 읽은 결과입니다. 속죄의 효력을 진술하는 구절들을 속죄의 범위로 확장한 결과입니다.

이제까지의 진술을 정리하면 전적 부패, 무조건적인 선택, 보편적 속죄, 불가항력적인 효력 있는 부르심, 조건적 견인입니다.

나가면서

● 몇몇의 논리들의 문제

양자에서 각각 자신의 입장을 변호하기 위해 제기하는 몇몇의 논리들은 위의 성경적 진술을 허무는 주장이 되진 못합니다. 성경의 진술에 입각하여 설명이 됩니다.

예를 들어 이 땅의 아버지도 자기 자식을 버리지 않는데, 하나님 아버지는 결코 자신의 자녀를 버리지 않는다고 논리를 펼칩니다. 율법에 의하면 부모를 치거나 저주하는 자식은 반드시 죽여야 합니다(출 21:15, 16). 율법은 하나님의 속성이 담겨 있기에 만약 앞의 논리가 옳다면 율법에 그러한 내용이 있을 수가 없습니다. 상호모순이기 때문입니다. 앞의 논리에 나오는 하나님은 성경의 하나님이 아닙니다. 우리의 생각에 좋다고 여겨져서 만든 신 곧 우상일 뿐입니다.

● 불변하시는 하나님

하나님은 불변하시는 분이십니다. 구약과 신약 시대에 있어서 구원의 원리에 있어서 아무런 변화가 없습니다. 그 원리가 변한다면 하나님은 불변하시는 분이 아니라 변하는 분이십니다. 구약 시대와 신약 시대에 하나님이 서로 다른 분이 되는 것입니다. 구약 시대의 하나님의 백성은 억울할 뿐입니다. 이는 성경의 진술과 다릅니다.

구약 시대와 신약 시대에 바뀌는 것이 있습니다. 구약 시대에는 율법을 하나님의 백성들과 관계를 맺으시는 방편으로 삼으셨지만 신약 시대에는 복음을 그 방편으로 삼으신다는 것입니다. 이러한 방식의 변화는 있습니다만 구원의 원리에 대한 변화는 없습니다.

옛 언약에서는 율법이 하나님과 그 백성의 교제 방편이었습니다. 율법을 지키므로 복을 누리고 지키지 않음으로 징계를 받고 심판을 받으며 경우에 따라서는 멸망합니다. 새 언약에서는 복음이 하나님과 그 백성의 교제 방편입니다. 복음을 따르므로 복을 누리고 따르지 않으므로 징계를 받고 심판을 받으며 경우에 따라서는 멸망합니다. 옛 언약에서는 순종하지 않으므로 멸망하는 경우가 있지만 새 언약에서는 하나님에 의해 그런 경우가 없다는 주장은 성경의 가르침과 아무런 상관이 없습니다.

● 끈질긴 거부

칼빈주의에서는 성경의 진술과 다른 견인론을 결코 포기하지 않으려고 합니다. 그것이 신실하신 하나님에 대한 바른 고백이라고 생각하기 때문입니다. 누군가를 그 은혜로 자녀를 삼으신 하나님이시기에 그의 영원한 구원을 반드시 이루심이 신실하심이라고 생각하는 것입니다. 충분히 수긍이 됩니다만 옳지 않습니다.

신실하심이란 하나님께서 그 백성에게 증거하신 바에 있어서 변함이 없으신 것입니다. 그 증거의 내용은 명백합니다. 순종하면 복이 뒤따르고 불순종하면 징계와 심판이 뒤따른다는 것입니다. 이는 구약의 율법에만 있는 내용이 아닙니다. 신약의 복음에서도 동일합니다. 구약 시대에는 율법에 불순종하여 하나님의 멸망을 받는 하나님의 백성들이 나옵니다. 신약 시대에는 복음에 불순종하여 동일한 결과를 맞이하게 됩니다. 좁은 길입니다.

하나님의 신실하심에 대한 바른 고백은 한 부분만을 전부인 것처럼 생각하는 것이 아닙니다. 양면을 다함께 보고 주어진 그대로 말하는 것입니다. 신실하심에 대한 잘못된 이해는 세뇌라고 할 수 있습니다. 잘못된 것을 지속적으로 바른 것으로 들음으로 인해 잘못된 것을 잘못으로 볼 수 없게 만드는 세뇌입니다. 이제는 세뇌에서 벗어나야 합니다. 잘못된 신실하심에 대한 이해에 사로잡혀서 성경적인 견인론을 끈질기게 거부하는 삶에서 벗어나야 합니다.

● 누가 책임질 것인가?

하나님의 역사 안에서 영접함 곧 믿음이 진실하지만 의지함 곧 믿음에 있어서 "믿지 않는다"는 평가를 듣는 상태라면 영원한 멸망을 받습니다. 회개하지 않는다면 말입니다. 신자 중에서 이런 경우가 결코 적지 않을 것입니다. 그들은 상급에만 문제가 있지 영원한 구원에는 아무런 문제가 없다고 생각하였습니다. 영접함이 진실하면 반드시 영원한 구원을 얻는다는 주장과 거룩함이 없으면 아무도 주를 보지 못한다는 주장을 함께 들으면 이 경우에는 자동적으로 전자를 취하게 됩니다. 사실 두 주장은 자체로 모순이기도 합니다. 만약 성경적인 견인을 듣고 배웠다면 자신의 상태를 바르게 인식하고 돌이킬 수도 있었습니다. 영원한 불 못에서 슬피 울며 이를 갈 것인데, 누가 책임을 지겠습니까? 이 부분에서 목사는 심각한 책임의식을 가져야 합니다. 하나님께서 목사에게 그 책임을 물을 지 어찌 알겠습니까? 한 지체라도 그렇게 되지 않도록 하여야 합니다.

● 거짓 선지자의 교훈

구약 성경에는 거짓 선지자가 나옵니다. 아마도 선지학교에서 구약 성경에 대한 선조들의 이해를 배우고 이스라엘 백성들에게 전하였을 것입니다. 그들이 윤리적으로 잘못되었다는 내용은 없습니다. 이스라엘에게 마음대로 살라고 했다는 증거도 없습니다. 아마도 예수님 당대의 랍비나 바리새인들과 다르지 않았을 것입니다. 다만 그들은 이스라엘이 하나님에 의해 멸망하는 일은 없다고 주장했습니다. 아브라함과 이삭과 야곱의 하나님, 언약에 신실하신 하나님이시기에 그렇다는 것입니다. 반면에 참 선지자는 그 하나님에 의해 이스라엘이 멸망할 수 있다고 증거하였습니다. 하나님은 참 선지자의 편이었지만 이스라엘은 거짓 선지자의 편에 섰습니다. 참 선지자를 핍박하고 죽이기까지 했습니다. 이는 무조건적 견인을 주장하는 오늘날의 목사들과 내용적으로 정확하게 일치합니다. 그들 사이에서 조건적 견인을 말하면 그 생각을 말하지도 못하게 합니다. 글로 옮기지도 못하게 합니다. 쫓아냅니다.[13] 매장입니다. 참 선지자를 핍박하고 죽인 것과 조금도 다르지 않습니다. 하나님께서 거짓 선지자들을 미워하시며 멸하셨음을 생각할 때에 어찌 경각심을 가지지 않을 수 있겠습니까?

● 거룩한 삶과의 상관관계

신자(교회)는 거룩하여야 합니다. 거룩은 하나님의 속성을 통칭하

---

13) 저는 목회를 하지 못하고 있습니다. 위의 글과 같이 생각한다고 소속 노회에서 제명되었기 때문입니다. 일반 일을 하며 생활비를 벌고 있습니다. 좀 험난한 세월을 보냈습니다. 현재는 보험과 대리운전을 하고 있습니다. 지금은 일을 하면서 가능하면 협동목사로 사역에 참여하고자 합니다. 또한 성경의 가르침을 밝혀 교회를 건강하게 세우는 데에 나름대로 역할을 할 수 있었으면 합니다. 여러 내용의 글을 정리하였고 출판의 기회를 얻고자 합니다. 저의 성경 연구와 그 결과물들이 출판되고 읽게 되시면 위 글과 같은 유익을 얻을 수 있으리라고 생각합니다. 저를 필요로 하는 곳에서 그 내용들을 자유롭게 강의할 수 있었으면 합니다. 대리운전을 그만두고 그 시간에 성경 연구와 집필을 할 수 있었으면 하는 마음입니다. 후원을 부탁드립니다. 자동차보험을 저를 통해 가입해 주시는 것입니다. 매년 보험료의 십분의 일-제게 주어지는 수수료-을 후원하시는 것이 됩니다. 성함, 주민번호, 휴대폰번호, 보험 가입일을 제게 문자로 넣어주시면 됩니다(010-2201-9630). 보험일 한 달 전 정도에 각 보험사의 보험료를 비교하여 알려드리고 선택하셔서 가입하실 수 있도록 해드리겠습니다. 하나님 나라와 그 의를 구하는 일로 생각하시고 후원해주시기를 간곡하게 부탁드립니다.

는 말입니다. 의를 즐거워하며 불의를 미워하는 것, 무궁하신 인자하심 등을 통칭하는 말입니다. 구원론은 신자(교회)가 거룩하여지는데 중요한 토대입니다. 인간이 전적으로 부패하였다는 것과 부분적으로 부패하였다는 것은 현재의 삶에 적지 않은 차이를 만들어냅니다. 영원한 구원이 의지함인 믿음 곧 순종을 조건으로 결정된다는 것과 영접함인 믿음으로 결정되었다는 것은 엄청난 차이를 만들어냅니다. 구원론이 현재 삶에서 신자답게 사는 것 또는 교회다워지는 것과 긴밀하게 연결되어 있습니다. 구원론이 성경적으로 정립되면 온전한 신자(교회)가 되는 데에 매우 긍정적인 영향을 끼칩니다. 예를 들어 성경적인 구원론이 정립되면 교회의 선거에서 돈 봉투를 돌리는 악행이 발생할 여지는 크게 줄어들 것입니다. 하나님의 심판을 초래하되 영원한 멸망에 이를 수도 있다고 생각하기 때문입니다. 돈 선거는 아간의 범죄와도 같은 짓(다음카페, 개혁과 진보, 자유게시판 326번)이며 그 범죄에 대한 하나님의 심판을 생각하면 얼마든지 가능하다고 여겨집니다. 이 의식이 강하면 그러한 악행은 완전히 사라질 것입니다. 영원한 구원을 잃을 수도 있는데 어찌 그러한 악을 행할 수 있겠습니까? 성경의 원리와 동떨어진 인간적인 생각으로 전횡을 일삼는 것도 마찬가지입니다. 교회의 하나 됨을 파괴하는 행위도 그렇습니다. 어떤 내용으로든지 마음에 들지 않는다고 교단을 별도로 세우는 일도 그것에 해당될 수도 있습니다. 대한민국의 장로교에서 나타나고 있는 그 많은 교파들은 그런 면에서 경각심을 가져야 합니다. 성경적인 구원론에 의하면 그 결국이 하나님과의 영원한 단절일 수 있기에 강력한 경각심을 가지게 됩니다. 하나님께서 미워하시는 죄를 멀리 하며 항상 깨어 있는 삶으로 나아가게 합니다. 초대교회와 같은 모습으로 회복될 가능성이 커집니다. 초대교회도 성경적인 구원론의 토대 위에서 그와 같은 모습을 가졌기 때문입니다. 물론 구원론이 성경적으로 정립되면 자동적으로 그렇게 된다는 것은 아닙니다. 성경적인 구원론이 성령의 역사에 해당되는데 육체의 소욕으로 거스를 수 있기 때문입니다. 초대교회에서 나타났던 여러 범죄들도 그러한 이유입니다.

성경적인 구원론은 우리와 비교할 수 없이 높으신 하나님의 지혜입니다. 그 지혜를 우리의 생각으로 변경시키면 그만큼 하늘 영광으로 가득한 영광스러운 교회, 신자다운 인격과 삶에서 멀어집니다. 오늘날의 교회 현실이 그 반증입니다. 하나님의 지혜를 그대로 받아들이고 그 지혜를 따른다면 하늘의 생명을 풍성히 누리며 그분의 영광을 드러내는 자리로 나아가게 될 것입니다.

● 닫힌 성경 열기

상세한 내용은 『닫힌 성경 열기 – 구원론을 중심으로』(박창진, 도서출판 등과 빛)에 있습니다. 야고보서에서는 선생 곧 말씀사역자의 말 곧 설교와 공적인 가르침과 관련하여 실수 곧 잘못된 전파를 경계하고 있습니다. 선생이 더 큰 심판을 받는데, 그 근거가 설교와 공적인 가르침이 옳으냐 그르냐입니다(약 3:1~2). 이제까지의 구원론을 생각하면 거의 모든 말씀사역자가 어떤 부분에서는 잘못된 내용을 설교하고 가르쳤다고 보아야 합니다. 심판이라고 해서 그 내용이 멸망이라고 생각하진 않습니다. 하나님 앞에 섰을 때에 받게 되는 책망일 수 있습니다만 경각심을 가져야 함은 분명합니다. 책 한 권을 읽고서 그런 상태에서 벗어날 수 있다면 정말 남는 투자라고 생각합니다. 책은 도서출판 등과 빛(051-893-0691)을 통하여 구입할 수 있습니다.

● '오직 전통으로'의 문제

문제는 잘못된 설교와 가르침이 하나님 앞에서 얼마나 심각한 사안인지 별로 의식이 없다는 것입니다. 자신이 따르는 전통 속에서 그 전통을 따르면서 안전하다고 생각하는 것입니다. 치열한 고민과 연구가 없이 그냥 해오던 대로 하면서 만족하는 것입니다. 말로는 '오직 성경으로'이라고 하는데, 그 안을 들여다보면 '오직 전통으로'입니다. 전통이 잘못되었을 수도 있다는 생각을 하고 바른 성경 연구를 통하여 재점검하고 잘못된 부분을 바로잡아야 하는데, 전혀 아닙니다. 예수님 당대의 바리새인들과 서기관들과 별반 다르지 않습니다. 그들은 랍비들의 전통을 따르는 것과 하나님의 말씀을 따르는 것을 동일시하면서 진리에서 벗어나 있었습니다. 스스로를 정통이라고 생각하는 오늘날의 기독교회도 마찬가지입니다.

하나님 중심, 말로만이 아닌 진정한 하나님 중심이라면 잘못된 부분을 고치는 데에 주저하지 않을 것입니다. 사실 성도들에게 잘못 가르쳐왔다고 말하는 것이 쉽지 않습니다만 기꺼이 그렇게 말하고 바로잡으려고 할 것입니다. 반면에 나 중심이면 그냥 무시하고 이전과 똑같이 반복할 것입니다. 전통에서 잘못된 부분- 모든 전통이 잘못되었다는 것이 아님—을 바로잡기보다는 답습하는 것으로 만족하는 것입니다. 하나님 중심의 진정한 개혁주의가 요구됩니다.

● 무언의 정죄

고려신학대학원을 함께 입학한 한 동역자를 만났습니다. 저의 사정을 알고서는 "지금 목사님은 고신의 목사님들에게 잘못되었다고 말하고 있는 것 아니냐?"라고 말합니다. 장로교의 구원론에서 틀린 부분이 있다고 말하기 때문입니다. 최선을 다해 하나님께서 맡기신 사명을 감당하고 있는 그분의 입장에서는 기분이 나쁠 수 있겠다고 여겨집니다.

그렇지만 눈을 크게 뜨고 기독교 전체로 시야를 넓혀 봅시다. 구원론에 있어서 장로교는 알미니안주의를 따르는 감리교 목사님들에게 "당신들은 잘못되었다"라고 말하고 있습니다. 얼마 전까지만 해도 장로교에서는 알미니안주의자들을 이단이라고까지 말했습니다. 감리교는 칼빈주의를 따르는 장로교 목사님들에게 그렇게 말하고 있습니다. 직접적으로 말하지 않더라도 서로 다른 구원론을 따르고 있는 상황 자체가 무언으로 말하는 격입니다.

왜 이러한 상태를 유지하여야 합니까? 성경을 바르게 해석하기만 한다면 얼마든지 한 말씀에 기초한 한 구원론이 가능한데 말입니다. 그렇게 구원론이 성경적으로 정립되면 상대방을 향해 무언의 정죄를 하지 않게 됩니다. 하나님께서 원하시는 길입니다. 그런데도 굳이 지금의 상태를 고수하려고만 하는 모습은 너무나도 안타까울 뿐입니다.

● 자기 생각에 옳은 대로

사람의 가장 근원적인 죄는 하나님을 하나님으로 알지 않고 그분을 사랑하지 않는 것입니다. 그 죄에 대한 최종 심판은 불 못입니다. 믿지 않는 사람은 믿지 않은 것으로 이미 심판을 받았습니다. 신자는 하나님의 효력 있는 부르심으로 인해 그 죄에 벗어난 사람입니다.

신자의 죄에 있어서 가장 근본적인 것은 자기 생각에 옳은 대로 사는 것이라고 생각합니다. 옳다고 생각하는 기준은 성경의 가르침입니다. 자기 생각이 성경의 가르침과 일치한다고 생각하는 것입니다. 그렇지만 성경의 가르침과 일치할 수도 있고 일치하지 않을 수도 있습니다. 일치하는 경우에는 표면적으로 별다른 문제가 없습니다. 일치하지 않는 경우에는 표면적으로도 문제를 나타냅니다. 양자 모두 자기 생각이 성경의 가르침과 일치하다고 생각하기에 바뀌지 않습니다. 잘못되었다는 의식이 있더라도 잘 바뀌지 않는데, 옳다고 생각하기에 더욱 바뀌지 않습니다. 신자는 이 부분에 깨어 있어야 합니다. 늘 성경의 가르침과 성경적인 원리에 민감하고 그것으로 자신의 전 인격과 삶을 되돌아보는 자세가 있어야 합니다. 구원론에 있어서도 이는 마찬가지입니다. 칼빈주의와 알미니안주의 모두 여기에 해당됩니다. 그것을 그대로 수용하고 따르는 것은 자기 생각에 옳은 대로 사는 것에 해당됩니다. 돌이켜야 합니다.

● 성도들의 바른 태도

성도들도 책임감을 가져야 합니다. 바리새인들과 서기관들의 주장을 성경적이라고 생각하고서는 그냥 따랐던 예수님 당대의 유대인들과 별반 다르지 않습니다. 비록 의도하지는 않았다고 하더라도 말입니다. 달라져야 합니다. 성경적인 구원론을 듣는 것은 권리이면서 의무입니다. 교리는 신학자나 목회자에게 전적으로 맡기면 되는 것이 아닙니다. 모두가 한 성령께서 내주하시며 진리의 말씀을 깨닫게 역사하시기에 진리를 바르게 이해할 수 있습니다. 최소한 이 글이라도 교회의 말씀사역자에게 전하여 생각할 기회를 가지도록 할 필요가 있습니다. 글 내용을 평가해 달라고 하면 읽을 것입니다. 성경적인 구원론을 깨닫도록 하는 섬김이 될 것입니다.

● 지혜로운 처신

참고로 책을 읽으면 그 내용이 옳다고 생각될 것인데, 곧장 설교나 가르침에 접목시키는 것은 지혜롭지 못한 처사입니다. 장로님과 성도들이 준비되지 않은 상태이기 때문입니다. 장로님들과 함께 책을 읽고 그 내용을 공유하고 안수집사님과 권사님들과도 함께 책을 읽고 공유한 이후에 그 내용을 전하시는 것이 필요합니다. 최소한 이 글이라도 공유하여야 합니다. 뱀같이 지혜롭고 비둘기같이 순전한 모습입니다. 그리고 시찰회원들과 함께 읽고 노회에 안건으로 상정하여 교단적으로 바른 구원론이 정립되도록 한다면 금상첨화라고 생각합니다.

상황이 된다면 시찰회에서 소속 목회자들이 함께 이 글이나 책을 읽고 그 내용에 대해 토론한 후에 교회와 교단으로 나아가는 방향도 좋다고 생각합니다. 어쩌면 꼭 그렇게 하여야 필요가 있다고 여겨집니다. 개인적으로는 제 글[14]에 동의하지만 실천으로 옮기지 못하는 상황에서 시찰회 전체적으로 동의가 이루어지면 실천으로 옮길 수가 있을 것이기 때문입니다. 그 이후에 신학교를 통하여 한 구원론을 정립하는 방향으로 나아가는 것이 더 적절하다고 여겨집니다.

● 기독교가 사탄의 회당?

신천지에서는 개신교 특히 장로교를 사탄의 회당이라고 하며 개신교 목사를 사탄의 목자라고 합니다. 20~30년 개신교인들으로 살던 분들이 수용하고 신천지인이 됩니다. 제시된 근거가 옳다고 생각하기 때문입니다. 가장 결정적인 근거가 정반대의 내용으로 구성된 개신교의 두 구원론입니다. 인간의 계명으로 하나님의 말씀을 변질시켰다는 것입니다. 하나님의 감동으로 기록된 하나님의 말씀에 두 구원론이 있을 수 없기에 현실은 인간의 생각을 집어넣어 변질시킨 것이며 그것이 사탄의 회당인 증거라고 합니다. 그 말을 수용하여 많은 기독교인들이 신천지인으로 바뀌고 있습니다. 물론 그러한 주장은 옳지 않습니다. 어떤 부분에서 성경을 잘못 해석하였다고 사탄의 회당이 되는 것은 아닙니다. 잘못된 성경 해석이라는 면에서는 신천지가 훨씬 심각합니다.

하나님께서는 말씀사역자들에게 하나님의 양들을 맡기셨습니다. 천하보다 귀하게 여기시는 생명입니다. 말씀사역자는 그들을 바르게

---

14) 다음 카페, 개혁과 진보, 자유게시판의 공지글(http://cafe.daum.net/BCRestoration/Nigm/316)에 있습니다. 필요하면 복사하여 사용하시면 됩니다.

지키며 양육하여야 하는 책임이 있습니다. 그런데 성경의 가르침과 다른 전통만을 붙잡고 있다가 그 양들을 이리에게 먹이로 내어주고 있습니다. 그에 대해 아무런 책임의식도 느끼지 않는다면 과연 하나님 앞에서 바른 목자라고 할 수 있겠습니까? 아닙니다. 양들을 지키는 것은 그 양들을 맡은 목사의 책임입니다.

『신천지의 과대망상』(박창진, 진리와 생명사)은 좋은 자료입니다. 신천지의 주장을 모두 듣고 성경적인 부분과 비성경적인 부분을 함께 다루었습니다. 신천지에 관한 다른 글과 완전히 차별화된 것입니다. 신천지에 빠지는 대부분의 신자는 성경적인 부분을 먼저 듣고 마음을 주어 비성경적인 부분을 듣더라도 잘못되었다고 분별하지 못하기 때문입니다. 현재의 신천지 전문가들도 별반 다르지 않습니다. 신학교에서 가르치지 않기에 배운 적이 없기 때문입니다. 그들은 잘못된 부분만을 부각시킵니다. 거부감을 가지는 데에는 유익하지만 모르고서 신천지 성경 공부에 참여하는 경우에는 거의 효력이 없습니다. 그렇지만 미리 알고 있었다면 모르고서 신천지 교육장에 참여하거나 개인적인 성경 공부를 하게 되더라도 신천지에 빠져들지 않을 수 있습니다. 책은 하늘유통(031-947-7777)을 통하여 구입할 수 있습니다.

● 끊어야 할 악순환

신천지에서는 견인에 대해 조건적이라고 가르치고 있습니다. 신천지에 빠졌다가 그곳에서 나오도록 하는 사역의 하나로 개종 교육이 있는데, 견인에 대해 칼빈주의의 입장을 받아들이도록 하는 것이 한 내용입니다. 효력 있는 부르심에 관한 성구 중심으로 가르칩니다. 옳은 생각을 하고 있는데, 잘못된 생각을 주입시키는 것이라고 할 수 있습니다. 교육을 받을 때에는 받아들이지만 후에는 성경을 읽으면서 계속적으로 갈등을 겪습니다. 아무래도 아니라는 생각이 들기 때문입니다. 악순환입니다. 시험을 마치고 쉬고 있는 고3 아들에게 이 글을 읽고 어떻게 생각되는지를 물었습니다. 로마서와 야고보서의 믿음과 행함 부분에 대해 추가 설명을 하였지만 그렇게 생각한다는 대답을 들었습니다. 그런데 교회에서는 전통을 따르는 가르침을 들어야 합니다. 악순환입니다. 이런 악순환은 이제 끊어야 합니다.

● 성경적 구원론 정립의 의의

구원론이 성경적으로 정립되면 교회가 말씀의 터 위에 바르고 굳건하게 세워지는 한 계기가 될 것입니다. 하늘 영광으로 가득한 영광스러운 교회로 세워지는 중요한 토대를 쌓게 될 것입니다. 신천지와 같은 이단이 하나님께서 우리의 형제로 세워주신 지체들을 미혹하여 빼앗아가는 빌미를 없애고 지체들을 지키는 데에 매우 유익할 것입니다. 말씀사역자라면 당연히 감당하여야 할 일 곧 교회를 교회답게 세우며 신자를 신자답게 세우는 사역을 온전히 감당할 수 있게 될 것입니다. 최소한 잘못된 삶을 살면서도 잘못된 구원론에 입각하여 영원한 구원을 얻었다고 생각하였다가 영원한 불 못에 가게 되는 일은 없을 것입니다.

세계 기독교계를 생각할 때에도 이는 매우 의미 있는 사역입니다.

구원론이나 칭의론에 관한 더 이상의 소모적인 논쟁을 끝내고 거룩한
교회를 향한 전진에 집중할 수 있을 것입니다. 늦지 않았습니다. 지금
시작하면 곧 이루어질 것입니다. 얼마든지.

십일조는
다른 복음이다

지은이 박창진
발행일 2014년 2월 7일
발행인 박창진
발행처 진리와 생명사
주소 부산광역시 부산진구 염광로 305번길 씨동 101호(가야동 보승빌라)
등록번호 제 329-2013-000006 호
독자의견 전화 010-2201-9630
홈페이지 http://cafe.daum.net/BCRestoration
이메일 5016park@hanmail.net

저작권ⓒ박창진, 2014
ISBN 979-11-950158-1-8(03230)

값 10,000원

이 도서의 국립중앙도서관 출판시도서목록(CIP)은 서지정보유통지원시스템 홈페이지(http://seoji.nl.go.kr)와
국가자료공동목록시스템(http://www.nl.go.kr/kolisnet)에서 이용하실 수 있습니다. (CIP제어번호 : CIP2014002742)